科学买房攻略

KEXUE MAIFANG

GONGLUE

■ 毛文筠　编著

机械工业出版社

CHINA MACHINE PRESS

本书主要介绍房地产市场、地段分析以及户型、外立面、装修、景观、车库等楼盘产品亮点的判断和缺陷的规避方法。通过对大量典型案例的详细剖析，让买房人学会如何挑选到满意的好房子，让房子更保值、增值。

本书也可以让置业顾问、地产策划、房产经纪等行业人士学习更多的专业知识，提升房产销售的能力。对于建筑、景观、精装设计师，本书也具有一定的专业参考价值。

图书在版编目（CIP）数据

科学买房攻略/毛文筠编著．—北京：机械工业出版社，2022.12
ISBN 978-7-111-72691-3

Ⅰ.①科…　Ⅱ.①毛…　Ⅲ.①住宅–选购–基本知识–中国
Ⅳ.①F299.233.5

中国国家版本馆 CIP 数据核字（2023）第 032768 号

机械工业出版社（北京市百万庄大街 22 号　邮政编码 100037）
策划编辑：张　晶　　　　　责任编辑：张　晶　关正美
责任校对：梁　园　李　婷　　封面设计：张　静
责任印制：李　昂
北京中科印刷有限公司印刷
2023 年 5 月第 1 版第 1 次印刷
140mm×203mm·5.875 印张·110 千字
标准书号：ISBN 978-7-111-72691-3
定价：69.00 元

电话服务　　　　　　　　　网络服务
客服电话：010-88361066　机 工 官 网：www.cmpbook.com
　　　　　010-88379833　机 工 官 博：weibo.com/cmp1952
　　　　　010-68326294　金 书 网：www.golden-book.com
封底无防伪标均为盗版　机工教育服务网：www.cmpedu.com

　　"你觉得我这个房子的地段还有增值潜力吗？你看看我这个小区户型如何？你觉得我这个房子装修怎么样？你认为我这个房子品质如何？"作为一名从事房地产行业近20年的专业人士，我被亲戚、同学、同事问得最多的几个问题就是这些。这些我觉得非常简单、基础的问题，在普通买房人看来，甚至对于我曾经在房地产开发公司的一些老同事而言，的确就是个很难判断的问题。事实上，买房是人生必要的，往往也是最大的投资之一。我们通常花了几百万元甚至几千万元买套房但从没有专门去学习如何判断房子的好坏，这很可能导致巨大的购买风险。很多人手里的房子在过去20年涨幅不大，甚至还有跌价的，这就是没有学习如何判断的后果。所以我觉得有必要站在专业的角度，告诉买房人应该如何挑选到保值、增值的好房子。

　　将巴菲特价值投资的理论适用在中国楼市或者投资一级市场，或许能帮助你稳定地实现财富增长。"房住不炒"本质上是要求房子不能在短期内频繁交易，所以巴菲特的长期主义和"房住不炒"的政策是基本一致的。而巴菲特价值投资的理念，还意味着买房必须看基本面：一定要购买好城市好地段的好产品。那些仅仅看城市和地段，而不好好研究产品本身，靠贷款杠杆和短期高抛低吸的操作来炒作的手段，已经落后时代了，必将受到市场规律的惩罚。

房子作为产品本身涉及户型、装修、外立面、小区景观、车库、产品缺陷6个方面的判断，通常判断方法相对技术化，而普通买房人也是仅凭感觉和经验，没有方法，不够科学。在本书中，我将重点讲解买到好地段和好产品的科学判断方法。当买房人掌握了这些买房判断方法后，就更容易买到满意的房子，实现更美好的居住，并为自己的固定资产保值增值。

本书图片由金盘网 Kinpan.com 提供，特向金盘网表示感谢。书中关于板块选择和产品分析均为作者个人观点，并不构成投资建议。

毛文筠

金盘地产研究院

目 录

第 1 章

买房概述

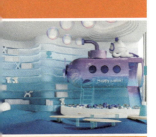

—

—

1.1 中国房地产市场

从 1998 年住房制度改革以来,中国房地产业经过了 20 多年的飞速发展,成为国民经济的重要组成部分。房地产业不仅为居民提供住房和居住服务,也在经济增长、财政收入、城镇化、居民财富等方面发挥着重要作用。

(1) 经济增长方面。房地产是拉动中国经济高增长的火车头。一是行业体量大,对经济增长直接贡献高;二是产业链条长,关联行业多,房地产投资和消费带动一大批上下游行业发展,不仅带动建筑业以及水泥、钢铁、机械、家电、家具、家纺等上下游制造业,也明显带动金融、物业管理等第三产业。在 GDP 中,房地产业增加值及其对上下游相关行业增加值的拉动合计占比高达 16%。房地产不仅在中国是经济支柱,对于世界第一强国的美国而言,房地产及其租赁行业占 GDP 份额也高达 13%,同样是美国的经济支柱。

(2) 财政收入方面。房地产是地方政府进行大规模基础设施建设的主要财政来源。房地产相关税收是地方政府的重要税收收入,随着房地产市场迅速发展,房地产相关税收规模持续扩大。另外,土地出让金是地方政府最重要的政府性基金预算收入,也是当前单项贡献最高的地方财政收入项目。

（3）**城镇化方面**。房地产是中国快速城镇化的发动机。房地产为城市发展提供启动资金。对于尚处于起步和快速扩张期的城市，除了需要提供教育医疗、环卫绿化、治安消防等政府公共服务，更亟须大规模建设道路交通、水电气暖供应、城市管网等基础配套设施，传统预算内收入难以提供充足资金。

（4）**居民财富方面**。房地产带动居民收入增长，促进居民财富增值，提升居民消费能力。房地产及上下游产业链条长，吸纳大量就业人口，增加居民收入。房地产业及建筑业就业人数合计占城镇就业人数的 7.3%。房地产市场发展带动资产增值。城镇人均住房建筑面积由 1998 年的 18.7m^2 增至 2020 年的 50m^2，增长了 1.7 倍。2000~2018 年，城镇人均住房价值从 3.7 万元增长至 31.4 万元，增长了 7.5 倍，城市居民 70% 以上财富都以房屋价值存在。

综上所述，无论是从居住、投资还是财富积累的角度，房地产在国民生活中都占有重要地位。因此，房地产业是关系国计民生的重要行业，其稳定健康发展具有重大意义。

过去 20 多年，中国城镇化处于第一个阶段：在城镇化率（城镇化率是城市化的度量指标，一般采用人口统计学指标，即城镇人口占总人口的比重）达到 50% 之前，人口从农村迁移到城市，造成几乎所有城市房价普涨。截止到 2021 年，城镇化率是 64%，未来 10~15 年城镇化率将达到 80%。未来中国房地产市场将会进入第二个阶段，即不同城市的房地产市场会出现明显的分化：对于 70% 的三四线城市，人口将持续流出，土地供应过剩，住房相对过剩，房价失去上涨的动力，房子不具备投资价值，只具备居住功能，所以有一套自住就可以了；而一二线城市房价会持续上涨。

是什么导致一二线城市房价的持续上涨呢？我们看看房价计算的基本公式：房价≈土地价格+开发商建造成本+开发商销管财成本+开发商利润+税费。其中刚需住宅的建造成本这几年涨幅很小，只有高端楼盘的建造成本涨幅较大。开发商利润近几年普遍低于 12%，而且逐年降低，目前很多大型开发商利润率都低于 5% 甚至 3%。当房价处于横盘阶段时，楼盘的利润是相对恒定的，只有当房价上涨的时候才会导致利润上涨。开发商销管财成本和税费有一定增长，但变动也不大。剩下的房价影响因素就只剩土地成本了。一二线城市过去 20 年土地成本平均每年增长 30% 左右，而且在房价中的占比普遍都高于 50%，因此房价上涨的主要原因是土地价格的上涨。

那土地价格为什么会上涨呢？人口增加或流入造成需求增加、货币超发流入土地市场、居民购买力上涨等因素都会造成土地供应的紧张，同时还造成了土地周边基础设施建设的扩张。比如道路、地铁、医院、学校、公园这些基础设施投入都非常巨大，所需要的资金光靠纳税是远远不够的，还需要靠提升地价才能获取更多的建设资金。对于买房人而言，买房很大程度上其实就是在买地及其周边的配套。

1.2 是否需要买房

了解了中国房地产市场的历史和现状后，你认为自己到底该不该买房呢？在买房人具备一定购房能力和资格的前提下，买房本质上是买城市的未来、买优质资产、买美好生活。

（1）**买房就是买城市的未来**。一二线城市以及部分三四线城市房价持续上涨的趋势不可改变。截止到 2021 年，全国城镇化率是 64%，未来 10~15 年城镇化率将达到 80%。从人口迁移的趋势规律来看，未来人们会向一二线城市和少数三四线城市流动，住房供应相对不足，这些城市房价将持续上涨。选择某个城市，就选择了它未来房价上涨的预期、更有前途的产业和工作机会以及更优质的配套资源。

（2）**买房就是买优质资产**。在全球通货膨胀的大背景下，存银行的钱会越来越贬值。如果你不是特别精通股票和基金，也没有自己的企业，那你的个人财富基本上就没有其他比房子更稳妥的对冲方式。所以人们只有通过购买房产来实现财富的保值和增值，当房价在上涨的时候，他们的资产总值也在增加，可以抵御通货膨胀。需要用钱的时候，房子可以直接出售，也能作为抵押物向银行借款，银行最喜欢的抵押物就是房子。

（3）**买房就是买美好生活**。房子不仅可以居住，还可以改善生活品质。房产附着的那片稀缺的土地还具有长期价值，周边良好的教育、商业、医疗、娱乐配套也具有使用价值。

纵观中国房地产近 20 年发展史，曾有 3 次绝佳的购房时机。第一次绝佳的购房时期发生在 2003 年。在 2003 年 8 月份非典疫情得到全面控制后，高层出台了一系列措施刺激楼市，降低首付比例，房价开始上涨。第二次发生在 2009 年，为了应对美国次贷危机，推出了 4 万亿元经济刺激计划，房价大涨。第三次发生在 2016 年，为了去楼市库存，银行开始降息、降准，政府松绑限购政策，调整公积金政策和棚户区改造政策，不断刺激楼市，房价大涨。

综上所述，过去 20 年全国楼市有两个明显的规律：第一，房价上涨的周期大约 6 年。第二，最佳买房时机都发生在市场低迷，高层救市出台一系列刺激政策以后。因此楼市本质上就是个政策市。在政策出台后这段时间内，往往只有 20% 有眼光的人抓住了机会，而 80% 的人还处于观望，等到房价涨上去了，才后悔莫及。

那如何把握最佳购房时机呢？首先看救市政策。救市政策通常就是降低利率、降低首付比例，减少土地供应，放松限购、限贷、限售等。以利率为例，利率水平和房价涨幅呈现非常强的反比关系，利率高的时候房价涨幅就低，利率低的时候房价涨幅就高。利率低的时候，放出来的资金需要承载的地方，只有房地产这个蓄水池足够大，接得住。所以利率高低就是判断买房时一个最简单的指标。其次看成交量。成交量上涨会先于房价上涨半年。你可以在买房前查询城市房管局网站,看成交量是否上涨。

此外,买房前千万不要只关注新房价格,一定要好好地研究一下这个城市的二手房价格。

第一,一个城市不管其新房市场再怎么热闹,如果二手房根本没有市场,或者二手房比新房便宜很多,那千万别买。大量三四线城市都属于这种情况。

第二,一个城市不管其新房市场怎么样,只要二手房的价格比新房贵,那就可以买。典型的城市比如成都、杭州、苏州等。

第三,最有价值的板块是二手房成交量超过一手房成交量的板块,只有二手房成为市场主力的市场才是成熟的。房地产市场如果没有流动性,再好的房子也没有办法变现。

1.3 科学买房四维模型

在"房住不炒"的政策引领下,我们买房必须看基本面,而不是短期博弈。买房总的指导方针是"长期主义,价值投资"。如图 1-1 所示为选房的"科学买房四维模型",买房时一定要综合考虑。

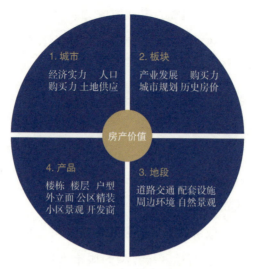

图 1-1　科学买房四维模型

（1）**选城市**。选对城市，买房就成功了 50%。买房的本质就是在购买一个城市的未来，就是在购买这个城市资源的股份，城市资源包括它的产业、工作机会、优质的配套资源等。具体方法是看城市经济（GDP）、人口（人口总量、最近几年的增量）、购买力（人均 GDP、人均可支配收入）以及土地供应（土地拍卖成交建筑面积）。但话又说回来，目前全国绝大多数热点城市都是限购的，不管是自住还是投资买房，城市选择面都不会太大。所以选城市主要针对毕业生和职业投资者，因为绝大多数人只会选择自己工作的城市。

（2）**看板块**。城市大到一定程度后，自然就产生了不同的区域板块，其是以板块内知名的景观资源、常用地名等耳熟能详的词语命名。这些板块在相当长的一段时间内，存在不同的房地产价值，而且是不会发生价值轮动的。选板块必须考虑板块或板块附近的产业发达程度，有了发达的产业，才能带动就业，才会产生较高的居民购买力。买高端楼盘必须选择产业发达的板块（查区域 GDP 数据和产业分布，通常高新技术产业、信息技术业、现代服务业、金融业等知识密集型产业对板块房价的拉动效应明显超过传统商贸业、物流业、制造业等劳动密集型产业），富裕家庭聚集的板块（查区域人均收入数据或观察现有楼盘档次），以及二手房历史涨幅较大的板块（通过房产中介了解）；刚需和改善楼盘尽量在这些好板块或附近的板块购买。此外，你还需要了解政府对城市规划的发展方向，不能逆向而行。总之，判断板块一定要看数据，不能只靠经验和感觉来判断。

（3）看地段。把范围从板块缩小到地段以后，你会发现同一板块的不同地段，还存在价值差异，这是由于地段附近的道路交通、配套设施、周边环境、自然景观的不同导致的。

（4）看产品。依次考虑楼栋、楼层、户型、外立面、公区精装、小区景观、开发商品牌等一系列影响因素。首先看户型。户型住起来不舒服，其他一切都是空谈。因为户型会涉及楼型、朝向、布局、尺度、面积等诸多因素，所以判断其好坏，需要一定的技术含量。其次看外立面。高端住宅就应该有高端住宅的样子，它不仅是业主身份的象征和美观的体验，更是建筑耐久性的物理保障。然后看公区精装。家里的装修还可以改，公区精装没法自己改，太丑就只能自己忍受，所以买房前尽量观察清楚。然后看小区景观和车库。如果是现房、二手房都容易观察，如果是期房就只能通过示范区来推断了。最后看开发商品牌。前面几点，买房时基本上都能看到。但交房后的物业和工程质量事先很难判断，所以需要开发商品牌的背书。

以上四个维度，综合起来就决定了房地产的价值，在没有政策干扰的前提下，通常表现为市场价格。买房时并不是每项都要求最优，因为各项最优必然导致高得不可承受的价格。因此这里面必须存在取舍，你只需要关注其中几个最在乎的点，其余没有弱项，再和自己的支付能力挂钩即可。对于一二线城市的高端住宅，60%以上的房价都花在了城市、板块、地段上面，剩下的才用于产品；对于三四线城市的高端住宅，正好相反，60%以上的房价都花在了产品上，因为这些地方的城市、板块、地段本身也没有太大价值。

第 2 章

城市与板块

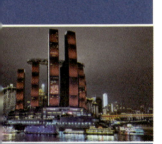

—

—

2.1 城市分析模型

在一二线城市和部分优质三四线城市买房，除了自住，天然就具备一定的投资属性（长期持有称为投资，短期买卖称为炒房）。普通买房人对城市的房地产判断通常就是看看房价，但专业研究机构会根据一些量化指标，对城市房地产进行统计、总结和预判。然而这些量化指标对于普通买房人而言，难以获取而且过于学术化，如图 2-1 所示。

对此进行简化提炼后，把适合普通买房人理解的指标列举如下：各城市经济（GDP）、人口（人口总量、最近 10 年的增量）、购买力（人均 GDP、人均可支配收入）、土地供应（土地拍卖成交建筑面积）。从房地产经济的角度筛选了部分一二线城市具有投资潜力的城市，结合量化指标列举如图 2-2 所示，其他城市的分析方法可参考。

对城市房地产模型进行对比分析后，可以看出以下几点：

（1）经济维度。五大城市群（长三角、珠三角、京津冀、成渝、长江中游）以 11% 的土地，聚集了全国 42% 的人口，占全国 GDP 总额的 54%，是我国经济发展的主引擎，区域集聚和规模效应显著，是房地产开发投资的重点区域。发达的产业所带动的就业和投资机会是大量人才向一二线城市聚集的主要原因。

a)

一级指标	权重	二级指标	权重	三级指标	权重	数据说明
配套	45%	交通	29%	地铁换乘站	27%	抓取板块内各地铁站点、公交站、火车站以及汽车站、飞机场个数
				公交站点	24%	
				火车站	9%	
				汽车站	16%	
				飞机场	1%	
		教育	24%	幼儿园	12%	抓取板块内幼儿园、培训机构、小学、中学校个数，重点和非重点区分
				中学	13%	
				重点小学	24%	
				重点中学	28%	
				教育培训机构	0%	
				高等院校	9%	
				小学	14%	
		医疗	13%	专科医院	12%	抓取板块内医院数据，并对医院数据进行二次区分
				综合非三甲医院	26%	
				综合三甲医院	47%	
				社区医院	15%	
		休闲娱乐	14%	风景区	10%	抓取板块内风景区、公园、文物古迹、电影院、大型游乐场数据
				公园	35%	
				文物古迹	8%	
				电影院	30%	
				大型游乐场	17%	
		生活配套	20%	便利店	26%	抓取板块内便利店、超市、农贸市场、购物中心数量
				超市	29%	
				农贸市场	25%	
				购物中心	20%	

一级指标	权重	二级指标	权重	三级指标	数据说明
产业	35%	产业聚集	50%	产业园数量	抓取板块内产业园、人驻情况
				人驻企业数量	
		产业等级	50%	企业类型	根据产业分类原则，对板块内企业进行分类。以主力类型代表板块产业等级（知识密集型4分，技术密集型3分，资本密集型2分，劳动密集型1分）
人口	20%	居住人口	40%	物流快递点	通过物流快递点聚合生成板块的密集程度
		职工人口	60%	企业规模	通过企业人数反映板块职工人数

b)

综合得分	一级指标	权重	二级指标	三级指标
城市面	配套	45%	交通、教育、医疗、休闲娱乐、生活配套	详细见左表
	产业	35%	产业聚集	产业园数量
				人驻企业数量
			产业等级	产业园等级
	人口	20%	人口密集	物流快递点

图2-1　量化指标举例

归类		第一类（顶级）	第二类（成熟）	第三类（基础）	第四类（薄弱）	第五类（差）
板块特征	交通配套	便捷的公交和地铁与城市各区域路网通达较好	地铁线路丰富，但公交站点较多，出行方式丰富，峰期存在拥堵	临近核心区，或有一定距离，地铁线路单一、换乘站点较少	当前交通线路单一、目距离核心区较远，公交线路较少	目前与核心区距离较远且连接度较弱，公交站点和线路较少
	教育配套	拥有区域乃至全市最优质的教育资源	教育资源丰富，拥有重点中小学	教育资源可满足区域需求，但重点学校少	学校较少，且缺乏优质学校	区域内现状教育资源较低
	医疗配套	医疗资源丰富且优质，目前拥有三甲医院，医疗资源可吸引全市	医疗资源丰富，主要满足区域就诊需求	医疗资源可满足区域内基本就医需求，但三甲医院较少	医院数量稀少且缺乏优质医疗资源	部分板块目前以卫生站和社区诊所为主，医疗匮乏
	休闲配套	娱乐类配套丰富，可辐射全市，部分拥有景区和名胜古迹	休闲配套丰富，部分类型存在不足	休闲资源电影院和游乐场所较少，覆盖少量公园、名胜古迹适和绿区	休闲配套较少，部分休闲类型缺失	休闲资源稀缺
	生活配套	生活配套成熟且均好，商业区达中高档，有城市级商圈或大型购物中心	生活配套丰富，有购物中心或商业商场，吸引区域原住民购物	生活配套可满足生活需求，覆盖少量商业，但较单一	当前可满足基本需求，优质资源向外寻求	目前居住作为不便，改善尚需时日

c)

图2-1 量化指标举例（续）

序号	城市	经济	人口		购买力		土地供应	
		2021年GDP/亿元	2020年人口总量/万	2010~2020年人口增量/万	2021年人均GDP/元	人均可支配收入/万元	2021年土地拍卖成交建筑面积/万m²	2021年土地拍卖成交建筑面积较上一年增减
1	上海	43214.85	2487.09	185.18	173756.71	78027	1547.1	3.6%
2	北京	40269.60	2189.31	228.07	183937.45	75002	598.3	-1.6%
3	深圳	30664.85	1756.01	720.22	174628.38	70847	540.7	0.7%
4	广州	28231.97	1867.66	597.58	151162.22	68808	1382.6	-10.3%
5	苏州	22718.34	1274.83	228.23	178207.35	68191	1017.8	-53.3%
6	重庆主城	21455.64	2112.24	347.75	101577.66	43502	1362.6	-27.8%
7	成都	19916.98	2093.78	581.89	95124.71	45755	1250.7	-29.4%
8	杭州	18109.42	1193.60	323.56	151720.89	67709	1335	-21.8%
9	武汉	17716.76	1232.65	254.11	143728.83	50890	1948.8	-33%
10	南京	16355.32	931.47	131.00	175586.40	66350	1458	-16.4%
11	天津	15695.05	1386.60	92.78	113190.83	47449	1078.5	-21.2%
12	宁波	14594.92	940.43	179.86	155194.39	65436	—	—
13	青岛	14136.46	1007.17	135.66	140357.92	51223	1042	-52.3%
14	长沙	13270.70	1004.79	300.38	132074.18	55587	1379.3	-43.1%
15	郑州	12691.02	1260.10	397.4	100717.79	36661	1043	-37.5%
16	佛山	12156.54	949.89	230.46	127978.90	61700	—	—
17	东莞	10855.35	1046.66	224.64	103713.95	62100	—	—
18	西安	10688.28	1295.29	448.51	82516.46	38701	—	—

图2-2 部分一二线城市量化指标举例

（2）人口维度。根据第七次全国人口普查数据，人口持续向东部区域及中西部核心城市聚集，人口流动速度在持续加快。近10年深圳、广州、成都、西安、郑州、重庆、杭州等城市常住人口增加超过300万。人口规模突出的城市房地产市场规模大，大量新增人口进一步为房地产市场规模提供了支撑。

（3）购买力维度。长三角、珠三角地区购买力较高，人均可支配收入普遍高于6万元；长江中游、成渝购买力相对较低，普遍在4万~5万元。

（4）土地维度。不同区域、同区域不同城市间成交热度分化。受一系列政策和2021年房地产公司债务危机影响，与2020年对比来看，2021年仅有上海、深圳土地成交规模略高于上一年，其余城市成交规模均有所下降，苏州、青岛、长沙缩量显著，降幅超过40%。

2.2 热点城市及板块

在选对城市后，还要根据城市的产业规划和发展方向来选择房地产价值有潜力的板块。

虽然处于同一城市，但不同板块存在不同的房地产价值。在过去10年，某些城市甚至会高达10倍差价，在同一时间段，有的板块在上涨，有的板块在横盘，而有的板块在下跌。例如深圳过去 10 年，南山房价涨了 5 倍，罗湖涨了 3 倍，盐田只涨了 2 倍，某些楼盘反而出现下跌 50%。下面我们对全国主要一二线城市的板块进行分析，挑选出优质板块。

需要特别注意的是，市中区虽然可能比较保值，但新区往往比市中区更具备增值空间。如果在新区买房，需要注意这个新区的级别是国家级、省级、市级还是区级的，级别越高，房地产发展前景通常就越大。

对于那些工作地点频繁变动的买房人，一定要目光长远，忽略当前的通勤时间，即便与工作地点距离较远，即便临时租房居住，也必须选择这个城市的好板块，只有这样未来才可能保值增值。以下城市板块分析及建议，均为作者个人观点，并不构成投资建议，买房必须谨慎。

2.2.1　重庆板块分析

在重庆买房哪些区域板块更保值增值？接下来根据四维模型，对重庆进行详细的板块分析，其他城市的分析方式可参考以下方法。

重庆作为长江上游地区经济中心、国家重要的先进制造业中心、西部金融中心、西部国际综合交通枢纽，城市经济一直很发达，从新中国成立以来到现在，重庆 GDP 常年排名位居全国前列。中心城区人口 1000 多万，人口基数大，人口吸附力也很强，过去 10 年人口流入 300 多万，居民支付能力虽不如珠三角、长三角，但在中西部地区不算低。奇怪的是，作为经济水平中西部地区排名第一的城市，房价却比绝大多数二线城市都低。很多人认为这是重庆人均收入低造成的，这是很大的误解。重庆主城都市圈并没有 3000 万人，仅有 2000 多万人，还有 1000 万人在重庆东部的区县。重庆主城人口和成都相当，平均收入和成都也只相差 5%，但成都房价是重庆的 1.3 倍。重庆主城的 GDP 和苏州差不多，但苏州房价是重庆的 1.6 倍。其他比如郑州、西安等城市的人均收入都低于重庆主城，但房价也都比重庆高。

既然不是居民收入造成的，真正的原因是什么呢？重庆的低房价和它的供地方式和产业结构有关。2017 年以前重庆每年土地供应和公租房供应都是天量而廉价的，房价没有太大的上涨动力。而保持较低的房价对重庆的传统制造业和传统服务业有利，毕竟这些行业需要低成本劳动力。低房价对毕业生也很友好，重庆在 2010~2020 年流入 300 多万人。许多毕业生自己打拼几年，东拼西凑还是能付个首付的。这些年轻人才的不断流入，对于增加科技创新，提振城市消费是有很大好处的。

目前重庆房地产的发展方向是北进西拓，即北区的国家级新区两江新区和西区的科学城。买房可优先考虑北区的中央公园。这里是渝北区的核心，周边的先进制造业产业发达，高收入人群聚集，有三条地铁线，中小学配套全市最优，城市界面非常好。北区买房还可以考虑礼嘉和照母山，这是两江新区直管区的核心板块，有高新技术产业人口外溢，多条地铁线汇集，配套齐全，交通条件好，滨江或临湖的自然景观好，所以特别宜居。以上三个板块都是重庆 2016~2020 年投资买房的热点，这几年很多楼盘房价都翻了 3 倍以上。

而西区买房可以买大学城、西永、金凤等板块，它们都有西部科学城概念和先进制造业的产业前景，有地铁和教育配套，未来 10 年潜力巨大。

传统的两江四岸是对外展示的名片，这里的江景房到底有没有价值？来重庆旅游，一定会被两江交汇的江景震撼。所以10 年前，很多外地人来重庆买了两江交汇处的江景房，坚信未来可以保值增值。结果远离市中心的照母山、中央公园许多楼盘在过去几年房价涨了 3 倍，而两江交汇处的江景房只是微涨。此时，有人说重庆土著从小看惯了江景，不稀罕江景房，所以重庆江景房没啥价值，以后在重庆就不要买江景房了。真的是这样吗？首先，上海、武汉、广州，这些城市的土著也是看着江景房长大的，为什么他们的江景房那么增值呢？重庆人小时候看到的江景，和今天两江交汇处的江景相比，增加了大量的摩天大楼，和 20 年前已经完全不同了。因此不是重庆人看腻了江景，而是重庆人更了解这些江景房的板块价值和产品好坏。这些江景房的板块价值显然不如照母山和中央公园，尤其是在道路通畅、学区配套和周边环境方面，光靠江景是不能支撑高房价的。所以两江交汇处的江景房集体"沦陷"，不是重庆人口味怪，而是外地人对板块和产品了解不深入、不全面，盲目买房。

2.2.2　成都板块分析

成都是一座享誉千年的历史名城，是国家重要的高新技术产业基地、商贸物流中心和综合交通枢纽、西部地区重要的中心城市。成都 GDP 在西部地区常年排名第二，城市环境宜居，人口基数大，人口吸附力强，在 2010~2020 年的十年间，人口流入量达到 581 万，超过了同处西部地区的西安和重庆。2016年由于土地供应量减少，规划容积率降低，导致成都新房供应量减少，房价快速上涨。2018 年后成都陆续出台了一系列史上最严厉的房价调控，压抑了买房需求，导致一二手房价格倒挂严重。目前成都城镇化率为 74%，城市发展战略是南拓东进，这是城市未来 15 年的发展引擎。

南门的高新区金融城板块总部经济发达，配套完善，有全市最强学区和发达的商业配套，城市界面也是全市最好，是成都买房的首选。金融城南面的新川是高新区战略要地，产城一体，交通便利，有 5 条地铁线，中小学教育资源优质，未来板块内 TOD 商业配套非常优质，更有高规格的新川之心公园，连片空地多，开发潜力大。

高新区南面的天府新区是国家级新区，发展迅速，着力打造"一中心三城"，即国际会议中心、科学城、文创城以及生物城。目前的天府新区直管区的天府公园西、天府公园东、兴隆湖板块属于热点，这里产业发达，离市中心在 30km 车程以内，城市界面很新，自然资源极佳，未来潜力很大。

成都东拓侧重发展先进制造业和生产性服务业，沿龙泉山东侧，规划建设天府国际空港新城和现代化产业基地。热点的板块是三圣乡，这里有 5G 产业，有地铁，有众多名校资源、华西医院，还有伊藤亚洲旗舰店等大型商业。三圣乡东面是大面，大面作为"东进的桥头堡"，有来自高新区的人口外溢，有地铁、学区和商业，城市界面新，目前房价较低，潜力较大。

2.2.3 西安板块分析

作为十三朝古都的西安，是西部地区重要的中心城市，国家重要的科研、教育和工业基地。西安经济发达程度在西部地区位居第三，仅次于重庆和成都，人口吸附力强，人口密集。西安城镇化率 76.9%，选板块总的逻辑为先南后北。

先说城南的曲江，曲江土地稀缺，教育资源好，城市界面好，是西安所有板块中最宜居的。而高新区软件新城，号称未来的西部硅谷，规划引入 50 万程序员，50 多个公园，30 多所学校，14 家医院，是高新区居住新高地。此外，航天板块拥有航天高精尖支柱产业，东西两条主干道和两条地铁线，有来自曲江、高新的外溢人口，区域内规划的住宅居住密度较低，舒适度高。

再说城北的浐灞，浐灞是继曲江之后又一个新的板块，以高端酒店、写字楼和高端楼盘为主。而港务区奥体板块在全运会的推波助澜下，各种配套快速落地，潜力巨大，是刚需的首选之地。

城西的沣东新城属于国家级新区西咸新区，是各种高端国际商务服务项目和科技孵化的云集之地，拥有大量的高端人才，有多条地铁，两大商业综合体，学区配套好，环境宜居。

2.2.4　杭州板块分析

杭州是长三角中心城市之一，环杭州湾大湾区核心城市，中国电商之都。杭州城市环境宜居，人口吸附力强，35 岁以下人才流入量常年全国第一。成功的浙商有在省会杭州买房的习惯，当地房地产购买力非常强，产品的整体品质好。杭州房价在全国一直名列前茅，最近几年限购也非常严格，一二手房价格倒挂严重。杭州城镇化率为 77.4%，买房有两大主题：一是拥江，二是科创。

先说拥江的几个板块：奥体板块是杭州的地理中心，新的城市之门，离市政府很近，有金融业、高端服务业，属于典型的总部经济，这里地铁密集，还有全市最高端的商业 SKP，城市界面好，江景资源好。钱江世纪城，杭州"拥江发展"的战略支点，有多家高端商业综合体，目标是未来杭州的商业中心。这里是杭州整个绕城高速的地域中心，交通发达，城市界面好，江景资源好。钱江新城，杭州的 CBD，大型金融总部云集。万象城、来福士、奥特莱斯、银泰等商业综合体遍布。杭州大剧院、杭州国际会议中心、市民中心等综合配套设施完善。城市界面好，江景资源好。滨江区，总部经济，高学历人口占比 50%，人均收入高。交通便利，有 5 条地铁线。教育资源丰富，有江南实验学校和闻涛学校，有星光大道和龙湖天街等大型商业。

再说城西的申花板块，申花与武林广场之间的最近距离仅为 4km，离西湖和西溪约 7km，有多条地铁，有丰富的教育资源和湿地环境资源。大小商业、医疗、文化设施都集中于此。而未来科技城是杭州"十四五规划"的第二市中心，高端互联网技术产业云集，高收入年轻人多，有 7 条地铁线和大型商业配套，城市界面也很好，房产发展潜力巨大。

2.2.5　广州板块分析

广州，千年商都，国际商贸中心和综合交通枢纽，拥有近 2000 万人口的超大城市。人口吸附力强，房地产购买力强。过去 10 年房价涨了 2.4 倍。广州城市规划是向东向南发展。

珠江新城是广州天河 CBD 的主要组成部分，而天河 CBD 是三大国家级中央商务区之一。浑然组成一条新的城市中轴线，区位得天独厚。珠江新城是金融中心、高端服务业中心、文化中心和跨国公司总部中心。路网和地铁四通八达，教育医疗等配套完善。

琶洲 CBD，下一个"珠江新城"。腾讯、阿里、小米、唯品会、科大讯飞等多家信息技术龙头企业在此建立总部大厦。琶洲已有 3 条地铁线。公共配套成熟，有磨碟沙公园、会展公园、亲水公园、广州水博苑和黄埔古港景观区等公园。还引入了执信中学、广州六中等优质教育资源。商业方面，有万胜广场、琶洲城美食广场、保利广场、南丰汇等中大型购物广场。

金融城已整体纳入广州人工智能与数字经济试验区，与琶洲片区、鱼珠片区一同构建起"一江两岸三片区"空间格局，是广州未来发展金融产业的希望。到 2025 年，金融城将基本形成金融业、新一代信息技术、现代商贸业、高端专业服务产业、新兴产业"一核一芯三翼"现代产业体系。牛奶厂板块是纯改善板块，环境十分宜居，是金融城后花园。有较好的教育资源配套。这里楼龄新，户型好，环境舒适，受众人群广。

广钢新城的教育资源很好，早已引进省实验中学、华师附小等名校，很多人买广钢房，看中的也是教育。交通上除了地铁 1 号线和广佛线外，还有地铁 10 号线、11 号线广佛延长线在建中。

2.2.6 佛山板块分析

佛山，珠三角地区西翼经贸中心和综合交通枢纽，中国重要的制造业基地，是全国民营经济最为发达的地区之一。这里是广府文化发源地、兴盛地、传承地。全市950万人，是一座房产购买力较强的城市。佛山买房原则上就是靠近广州主城。受广佛同城的影响，佛山楼市通常随广州楼市变化而变化。

金沙洲距离广州市政府的距离，与珠江新城、天河北、广纸新城、白云新城等区域相当，仅仅为5~6km，金沙洲无疑是极为珍贵的洼地。金沙洲重点发展数字经济、科技创新、教育培训、生物医药等产业，走高精尖的产业之路。交通上，拥有三桥二线一高一环交通枢纽。学校有华师附小、南海双语实验学校、华侨中学、广附实验学校、广州白云中学等优质教育资源。商业配套有中海金沙湾商业街、金沙湾广场、国昌新城市广场、星汇金沙、金永喜购物广场等。医院有广州中医药大学金沙洲医院、佛山市第六人民医院等多家甲级医疗配套。

千灯湖，有良好的城市界面，聚集了很多金融企业、五星级酒店、大型购物广场，是整个佛山白领最聚集的板块之一。千灯湖距离广州核心珠江新城的距离大约是25km，有全国第一条跨市地铁——广佛线和才开通的2号线。商业配套有天河城、宜家家居、万达广场等10多家大型商业综合体。

三山新城，凭借临广的区位优势与广州融合发展，引入了三山科创中心、粤港澳科技园等高端科创产业，致力打造成国际生态科技新城。交通规划上，有佛山最密集的轨道密度，未来会有包括佛山地铁2号线、4号线、11号线和广州地铁10号线、19号线、南海新交通、广佛江珠城际线7条地铁。教育配套有美伦国际学校和南海外国语学校。

北滘新城，整体城市面貌好。板块内有广铁 7 号线和广佛线。北滘拥有美的、碧桂园等世界 500 强企业，顺德 30% 的上市公司都在这里。教育配套丰富，有北滘中心小学、承德小学、君兰中学、北滘中学等老牌名校。商业配套有北滘商业广场、美的悦然广场、美的新都汇等。

佛山新城，佛山新城的总部经济正逐步崛起，前海人寿、顺联等企业总部入驻。佛山市图书馆、大剧院、新闻中心、世纪莲体育中心以及佛山国际演艺中心等"九馆六心"地标级市政配套已落成。佛山新城的未来轨道交通线路图，至少 6 条轨道交汇，形成"四地铁""双轻轨"的交通枢纽。教育方面，目前有东平小学、IEC 国际幼儿园、东平中学 3 所学校。香港理工大学（佛山）校区之一，也选址于此。商业配套上有星耀 101、星翠汇、爱琴海购物公园、苏宁购物中心等。

2.2.7 东莞板块分析

东莞，珠三角东岸中心城市。地理位置优越，接收深圳的外溢人口和产业。东莞常住人口超过 1000 万，人均可支配收入达 6 万元，购买力强，过去 10 年房价涨了 2.7 倍。

滨海湾新区，粤港澳大湾区的中心地带，天然优越的地理位置，是引领东莞未来 30 年发展的新引擎。滨海湾的轨道枢纽有 6 轨汇聚。利用广深高速、广深沿江高速和穗莞深城际的交通优势，主动承接广州、深圳的产业和创新资源，打造沿海科技产业创新带。滨海湾新区目前已建成的东宝公园、滨海驿站、青创广场等景点打造"一廊三绿心三水系"的生态格局和"山、海、城"一体世界一流滨海城市风貌，使优美自然景观和现代城市融汇交织。

松山湖中心片区，拥有华为、大疆、科学城等高新产业。为了助力松山湖发展，打造了4高速4轨道2快速1大道，无缝对接松山湖各大热门区域。拥有顶级的教育配套资源，从中小学到大学应有尽有。随着万象汇、碧桂园·里悦等大型商业配套落地，居民的生活更加舒适便利。

再看中心城区。南城，东莞心脏，东莞市委、市政府所在地，人口密集。3条地铁线，莞太大道、东莞大道纵贯全境，环城路及广深高速四通八达。已形成第一国际、鸿福、西平等多个有规模高档次的商圈，进驻国内外大型百货品牌超市商场数十家。东城，城市交通顺畅便捷，莞深高速、环城快速贯穿而过，莞惠城轨及地铁1号线、2号线等在辖区设有众多站点，构建成了纵横交错的城市交通体系。有同沙科技工业园、牛山外经工业园和桑园市郊工业园三大工业集约基地。商业配套有万达广场、国贸城、星河城、世博广场等大型商业中心近十个。东城下辖100多所中小学和幼儿园，拥有东莞最好的教育资源。坐拥黄旗山城市公园、同沙生态公园和榴花公园三大都市"绿洲"，城市环境宜居。莞城，东莞的千年文脉所在，教育优势较为突出，已形成"学在莞城"教育品牌。东莞中学，莞城中心小学都是具有百年历史的首批一级学校。先进制造业集中，建成莞城科技园和东部工业园莞城园区。另外，还建成有东莞市创意产业园、天宝创意谷、运河创意公社和工农8号等创意产业园区。目前已有东莞地铁2号线，未来还将规划3条轨道快线途经莞城。

2.2.8 苏州板块分析

苏州是长三角重要的中心城市之一、国家高新技术产业基地。GDP在华东地区仅次于上海，在全国排名也是名列前茅。苏州外来人口比例高，其中三成是上海外溢的人口，人口吸附力很强。苏州有太湖、金鸡湖、独墅湖、阳澄湖等多个大型湖泊，以及天下闻名的园林，城市环境非常宜居。房价虽然经历过2016年的猛涨，但在长三角一直处于洼地，均价仅为杭州的一半。苏州城镇化率为87.92%，城市普通板块和刚需房房价普跌，但优质板块楼盘抗跌性很强，呈现明显的两极分化。

先说东面的园区奥体板块。园区产业发达，在全国经济技术开发区排名里面连续多年第一。奥体作为园区的绝对核心，吸引了全苏州的高端购买力，这里有多条地铁，顶级配套，城市界面好，有成片的高品质住宅。

再说西面的狮山板块，位于新区核心区域，有多条地铁线，大型商业配套。教育资源和文娱设施丰富。狮山西面的科技城以及太湖科学城，是苏州"一核四城"规划中的西部核心板块。这里自然景观好，有大型研发创新基地，有南大附属学校，以产业加优质教育资源著称。地铁也进入施工阶段，大型商业配套逐渐完善。

最后说北部核心板块高铁新城，交通优势明显，有中环北线、苏州北站高架路和多条地铁线。区域内引进了人工智能和大数据领域的研发企业。商业配套有吾悦广场、圆融广场等大型商业。教育资源丰富，有苏大实验学校、南师大苏州实验学校、相城实验小学等。

2.2.9 郑州板块分析

郑州是华夏文明重要发祥地之一，是中部地区重要的中心城市、国家重要的综合交通枢纽。郑州 GDP 在中部地区城市排名低于武汉，略低于长沙，人口吸附力强（特别对于河南省而言）。郑州每年土地供应量较大，房价平稳。郑州城镇化率为73.38%，城市整体规划为向东发展。三环以内房产流通性好，四环外房产价值降低。

先说郑东新区的北龙湖，目前已经引入了多家金融机构，约30万金融精英汇集于此；还有河南大型科技中心，拥有大型医院，有清华附中，城市界面好，自然景观绝佳。

再说金水北，与主城区无缝连接，产业好，有多条地铁线，拥有郑州强大的学区资源，是市中区价值外溢受益区域。

再说高新区，有生物医药、光机电、软件、新材料四大支柱产业，GDP 增速快，人口增长速度快。有国家重点实验室和各种产业技术研究院。辖区内高新技术企业 500 多家，中小型科技企业 2000 多家，汇集了郑州大量的高端人才。板块内学区好，商业配套完善。

最后说经开区，有近 40 家世界 500 强企业入驻，物流产业发达，学区好。特别是滨河国际新城，拥有海绵城市规划，地下综合管廊，绿化率为 45%，有蝶湖水域，非常宜居。

2.2.10　南京板块分析

被誉为"六朝古都"的南京是中国东部地区重要的中心城市、全国重要的科研教育基地和综合交通枢纽。南京第三产业增加值占比达到六成以上，成为城市支柱型产业。城市居民可支配收入高，房地产购买力强。南京城镇化率为 86.9%，城市发展战略为一核（江南主城）三极（江北新区、紫东新区、南部新城）。

河西中，区域内引进了众多的产业和企业总部。交通配套有 2 条地铁线和四大快速路。有奥体中心、江苏大剧院、保利大剧院等优质公共配套资源。有高端商业德基世贸壹号、国金中心。医疗配套好，教育资源丰富。鼓楼区有高端商贸、软件、文旅等产业。优质教育资源齐聚。区位优势明显，地铁密集，交通十分便利。新玄武，高新产业集中，有铁北创新孵化集群、国际数码港、中德商务中心等。坐拥南京火车站和小红山客运站两大交通枢纽。4 条地铁线穿梭其中。并有玄武宝龙城等大型商业配套。区域内有 6 所中小学和一所规划中的学校，教育资源齐备。燕子矶文化底蕴深厚，是主城的"北门户"。产业上以绿色智能汽车产业链为主。板块内规划了 3 条地铁线。商业有招商花园城、万象天地。板块内总计规划了 20 所中小学校，教育资源十分丰富，有南京外国语学校等顶级学校。并且有 1 家三甲医院和 2 家二甲医院。

南部新城，坐拥秦淮河，北望紫金山。有其他新区都不具备的文化产业和规划。板块城市界面好，有 6 条地铁线，还有内环南线快速路。大型商业配套汇聚，有南京外国语学校本部等顶级教育资源。雨花核心区，南京的软件产业中心，上千家高新企业聚集，汇集了 30 万高知人群。目前片区内地铁 S3 号线、绕城高速、机场二通道等已建成通车，可快速连接河西、南京南站、新街口三大商圈。板块内有多所中小学优质教育资源。

江北核心区是国家级新区、自贸区，是南京绝对的金融中心。有连接江北和河西的 10 号线地铁，未来还将规划 4 条地铁线。区域内有 10 多所中小学，教育资源丰富。综合商业体有华润万象城、奥特莱斯、万达广场等。医疗有鼓楼医院江北国际分院。

紫东核心区，产业定位"数字之城"，是未来南京展示数字城市建设、数字经济发展的"城市样板间"。随着紫东创意园、南大科学院等高新技术产业孵化基地的入驻，越来越多的博士、海归将向这里涌来，初步估计区域内高知人群将超 20 万人。区域内已有 2 条地铁线，并且未来还规划了 4 条地铁线，地铁密集，站点覆盖率高。南京外国语学校和紫东医院也相继落地，教育医疗配套逐渐完善。

2.2.11　武汉板块分析

武汉是中部地区的中心城市，全国重要的工业基地、科教基地和综合交通枢纽。2021 年武汉工业经济量质提升，高技术制造业快速增长；固定资产投资增势强劲，转型升级步伐持续加快；消费市场稳定恢复，居民收入稳步增加。武汉 GPD 在中部地区常年稳居第一。城市土地供应量高，楼盘容积率高，导致出现大量的超高层楼盘。武汉城镇化率为 80.29%，总的买房逻辑是不要在四环外买房，因为即便在四环内的新房库存都需要多年的去化，而且由于地理面积过大，远离核心区的房屋价值将被摊薄。

首先看热门的光谷中心城，此地集中了武汉的高端高新技术产业，年轻的高端人才聚集，土地供给平衡。道路规划井井有条，公园绿化多不胜数。已经落地在建的地铁线一共 2 条，还有有轨电车，交通便利。商业配套有奥特莱斯、中粮大悦城、瑞安天地、龙湖天街等大型商业。以上的产业、人才、配套、环境等放在全市都是非常优质的，因此光谷板块虽然距离市中心30km车程，房价和涨幅依然是全市比较高的。

再看白沙洲，这是武昌区的延伸板块。双地铁出行，学区优势明显，有5所中小学，非常宜居。即将开业的龙湖三千城和洪山广场补齐了该地区的商业配套。在建的三甲级医院有2个。

再看后湖，这里地域优势明显，吸引的都是大汉口外溢的刚需群体和首改客户，承接了江岸、江汉的刚需外溢人群，城市升级早已完成，板块内的教育、商业、交通配套都比较优质。区域内有6条地铁线。

再看四新，这是三环内汉阳价格最低的板块，因为墨水湖的存在，区域内的生态环境好，非常宜居。城市面貌新，交通便利，有3条地铁线已通，在规划中的有2条。商业有万达广场和永旺。

最后说二环以内两江四岸的板块，比如二七滨江、武昌滨江都是武汉的城市名片，这里配套优质，环境宜居，自然景观绝佳，房产保值。在两江四岸遵循买房不宜出三环。

2.2.12　宁波板块分析

宁波，东南沿海重要港口城市、长三角南翼经济中心。宁波舟山港年货物吞吐量位居全球第一，集装箱量位居世界前三。宁波城镇化率为64.86%，购房以本地人为主，房地产购买力很强。

首先来看看三江口板块，代表了宁波情怀，是历史传承之地。坐拥宁波最优质的地段、学区和景观。有 3 条地铁，两条高架，四通八达，交通便利。片区内 20 多所中小学，保证了优质的教育资源。随着来福士商圈的壮大，宁波商业中心的地位始终由三江口牢牢把持。

鄞州中心区，GDP 稳居宁波第一，拥有城市核心 CBD，无时无刻不突显着其强劲的硬核实力。板块内地铁 3 号线贯穿，北面紧邻杭甬高速，距离机场不到 2km。多个公园遍布。有鄞州实验中学、宋诏桥学校等名校。商业有万达广场、印象城、万象汇、宝龙广场、钱湖天地、巴丽新地。

东部新城，国内一流的城市天际线，两座 400m 高的摩天大楼屹立在东部新城，3.3km 的东部新城生态走廊点缀其中。图书馆、城市展览馆、文化广场、五一广场彰显了深厚的文化底蕴。2 条地铁线提供了便利的交通。赫德实验学校、华师大宁波艺术实验学校、效实中学东部校区、新城第一实验学校西校区丰富了东部新城的教育资源。

东钱湖新城，国家级的旅游度假区。宁波"十四五"规划中，钱湖高科新城计划投资 800 多亿元，国际会议中心建成，国际博览中心选址，地铁 4 号线的延伸通车，创智钱湖、玉泉里商业 TOD 等无不标志着东钱湖就是宁波下一个十年的发展中心。

姚江新城，江景 CBD，是未来长三角重要科创策源地、宁波"拥江揽湖滨海"战略规划的关键一环。区域内高桥小学、高桥中学、望春小学、宁波大学附属学校、青藤书院等逐渐补齐教育短板。地铁 4 号线，北环高架机场路，西洪大桥、邵家渡大桥以及南岸海曙印象城等各种综合商业体，奠定了姚江新城未来的发展基石。

2.2.13　青岛板块分析

青岛是我国沿海重要中心城市、滨海度假旅游城市和国际性港口城市。它是人口超千万的特大型城市，人均 GDP14 多万元，购买力较强，城市环境宜居。

市南区，青岛高端楼盘天花板。区域内拥有顶级的商业配套，如海信广场、万象城，以及高端、密集的商务办公区香港中路。各种地标文化设施，如五四广场、奥帆中心、栈桥。还有青岛大学附属医院和市立医院等三家医院。区域内拥有青岛一半以上的优质教育资源。

市北浮山后板块，浮山后距离主城的三大商务区都很近，不超过 5km。板块内有大量优质的中小学校，是典型的教育资源板块。随着多年的发展，交通、医疗、商业等配套已经十分完善。

崂山张村河板块，随着"十四五"规划出炉，张村河板块将成为崂山区的"新贵"。板块内已经有一所在建的三甲医院——山东中医药大学附属医院青岛医院，周边有宜家和万象汇商圈，整个片区坐享金家岭金融服务区的高端配套，包括金狮广场、利群金鼎广场的繁华商业。再加上地铁4号线的全线贯通，交通配套也逐渐完善。

李沧东李板块，青岛中产阶层改善型住宅的首选区域。人口密度低，道路交通十分发达，地铁2号线东延段，将加快李沧东部地区与中心城区的联系，改善沿线的交通环境和市民出行条件。李沧东李板块环境宜人，三山环绕，还有李村河蜿蜒穿过，有多个公园，环境优美。商业、教育等多种配套加快建设，基础设施配套的建设也越来越完善。

城阳流亭，地铁1号线已经全线贯通，仙山路高架半小时车程到达胶东机场，加上青兰高速和规划中的10号线地铁，板块交通四通八达，"十四五"规划中，流亭片区将被建设为一个集产业、商务、消费、金融、交通、教育、医疗、文化、运动、景观为一体的高端现代、活力时尚的"未来之城"。

2.2.14 天津板块分析

天津，北方第二大城市，北方对外开放的门户，北方航运中心、物流中心和现代制造业基地。天津楼市的工业底子是很强的，人口数量超过1000万，这些都是天津房价的核心支撑点。但在2018年以后，由于环保政策、产业转型、人口流出等多种原因，天津经济一路下行，从全国第5跌至第11。房价近年来有所下滑，买房特别强调学区资源。

先说海河西侧的上三区。和平区，天津市最核心的地区。只有 9.98km²，但常住人口达到近 40 万，人口密度相当大。几乎是以一骑绝尘的姿态站在了天津房价的最顶端。和平区拥有绝对顶尖的教育资源，市五所重点中学就占据了 2 所，天津一中和耀华中学，还有其他的次顶尖学校汇聚。河西区，市政府所在地，天津人心中的市区高端所在。有河西中心小学、师大二附小、新华学校和实验学校等全市顶尖的学校。一共拥有近 60 多所中小学，教育资源优势明显。南开区，打造了环天南大知识创新集聚区、环水上商务总部经济圈、商旅文融合的老城片区、产城融合的西部片区、海光寺科技金融服务中心等。具有高校科研院所聚集的创新创业优势和"西营门片区"可开发空间资源优势，教育资源丰富。

津南区的国展板块，国家级的三大会展中心之一，周围环境地域开阔，交通方便，区位优势明显。是天津对外宣传的重要窗口。有已建成的地铁 1 号线，在环城四区中，有很好的教育资源。城市界面非常好。海教园是除市六区外，拥有最优质教育资源的板块。北至天津大道，南至津港公路，地铁 6 号线已建成投入使用。处在天津的永久绿地保护区内，生态资源丰富。总体量约 16 万 m² 的商业综合体补齐了园区的短板。无论小学初中都接受转学，保障了房子的流通性。

西青区的天津南站，3 条高铁，1 条地铁，2 条云巴，交通便利，还有南站科技商务区，连接北京和天津，高尖端产业布局，毋庸置疑。片区内公园数量多，城市界面整洁。有奥特莱斯、万科广场等商业综合体配套。学校有华旭小学、逸阳文思国际学校、田丽小学和天津工业大学附小等。宾水西片区内拥有海泰高新区和学府产业园，东侧还有三所高校，聚集大量的大学教职工等高知人群。有西门子、三星等高新技术企业。地铁 3 号线连接三个高铁站，同时还直通天津市区最核心的商圈——滨江道，承接着大量的市区外溢人群。随着天津外国语大学附属西青精武镇外国语学校的落地，补齐了宾水西的教育短板。宾水西南侧规划有 37 万 m^2 的商业综合体，完全可以满足人们日常生活需求。

2.2.15　长沙板块分析

长沙，长江中游地区重要的中心城市。长沙人均 GDP13 多万元，拥有超过千万的人口，并且 2020~2021 年人口增长超过300 万，人均可支配收入达到 55578 元，购买力较强。但长沙的房地产地方调控政策严格，房价受到抑制，常年稳定。

梅溪湖二期板块，坐拥天然的山水资源，生态宜居。梅溪湖二期被定位为"全国科创新引擎，长沙城市副中心"，这里将打造为集聚创新总部、研发服务、高新转化与创新人才于一体的尖端科技高地，提供文化体育、生活休闲等高品质中心服务的中央活力区。重点发展文化旅游、健康医疗、总部经济，科技研发 4 大产业板块。梅溪湖国际新城二期还会规划建设一个全长 3km 的"超级中轴"，打造科技、金融等第三产业聚集新高地。教育资源将规划 27 所中小学。区域内交通四通八达，规划主干道形成"五横六纵"的网络格局。地铁 2 号线延长线和 2022 年即将运营的地铁 6 号线在梅溪湖二期交汇，将直达长沙西站、长沙火车站、高铁南站和黄花国际机场。板块内现已成熟运营梅澜坊商业街、步步高梅溪新天地、金茂览秀城等一批高品质商业综合体。

滨江新城，湖南省级金融中心。产业以现代商务功能为核心，以文化、休闲、旅游综合商圈为驱动，以都市居住为依托，已引进金融企业 500 余家。板块内规划有"三纵九横"的路网，辅以轨道交通 4 号线，交通路线纵横，出行方便。商业配套有凯德壹中心、王府井、奥克斯广场等。已建成有长郡滨江中学、长郡双语实验中学、麓山滨江实验学校等 12 所中小学。

洋湖板块，凭借近主城区、临江、地铁、洋湖湿地等优势迅速"出圈"，一跃成为目前公认的最宜居宜业的片区之一。依托优越的自然生态环境，强化商务商贸、教育医疗、文化娱乐等公共服务配套，着力打造总部经济聚集基地。洋湖片区已通车的地铁线路有地铁 3 号线，还有规划中的地铁 8 号线和地铁 11 号线，"三纵三横"的交通路网，使得片区内交通十分便利。这里有比肩梅溪湖的教育资源，共规划有 17 所优质学校。汇集洋湖水街、宜家荟聚中心、卓伯根、京东实体店，龙湖天街等大型商业综合体，保证了居民的购物和休闲文化生活。再辅以标志性的洋湖国家湿地公园、洋湖湿地科普馆等人文设施，使居民的生活更加舒适。

麓谷板块，长沙高新区直管核心园区，企业众多。板块内有"四纵四横"的主干道，"五纵五横"的次干道，已开通的地铁 2 号线，建设中的地铁 6 号线和规划中的地铁 10 号线，板块内交通十分便利。麓谷的教育资源，每年以 2~3 所的速度新增学校，目前麓谷已经集齐雅礼、师大附中、一中等"四大名校"品牌。此外，还有明德中学、湖南第一师范学院、博才教育集团等省市名校相继落地。

月亮岛板块，着力打造以生态文化、竞技体育、康体休闲为主题的品质一流的生态休闲体育健康岛。地铁 4 号线已开通，规划有地铁 12 号线，月亮岛西站与地铁 4 号线交汇。教育资源有师大附中一小、二小，师大附中星城实验中学，长郡双语白石湖学校。商业资源有砂之船、太阳城、星巢 PARK、越秀自建商业。生态环境有一江一岛六公园。医疗资源有滨水新城四医院。

2.2.16　上海板块分析

上海，中国国际经济、金融、贸易、航运、科技创新中心。拥有近 2500 万人，人口基数大，人均可支配收入近 8 万元，房地产购买力强。过去 10 年，房价涨了 2.5 倍。上海是一个典型的地铁密集型城市，在上海买房原则上地铁房优先，离核心区越远，房产价值越低，出外环后价值急剧降低。

新天地，时尚与历史人文的聚集之地，地处城市中心，临近淮海中路商区，拥有顶级的交通、医疗、商业配套。4条地铁线穿梭其中，交通方便快捷。有曙光医院、瑞金医院、第九人民医院等医疗配套。而新天地本身商业之丰富就不必多说了。

张江，地处上海浦东新区中心地带。拥有20多个园区，330家国家级研发机构，上百家公共服务平台和上万家科技型企业，形成了9大产业集群。板块位于十字交叉线上，连接4个城市副中心和1个南汇新城中心，区位优势明显。板块内有2条地铁线，公路主干线可直达机场、港口、火车站。商业配套有长泰广场、汇智国际、缤纷广场等满足居民生活娱乐。板块内有成规模的张江主题公园、孙桥中心绿地、张衡公园、艺术公园、广兰公园等大小公共绿地共十几处，营造宜居环境。教育资源丰富，大名鼎鼎的张江集团中学、上外浦东附中等优质学校均位于此。

金桥，上海自由贸易试验区的重要组成部分，聚焦智能汽车、移动视讯、机器人、金融科技等新兴产业，打造了一系列创新园区。板块内四轨交汇，交通便利。金桥的商业体系具备小型、分散的特点。有博兴路、长岛路和五莲路这类传统的生活商业街和文峰、太茂、家乐福等中小型商场，生活、商业氛围浓厚。竹园和建平两所优质学校保证了区域内的教育资源。

徐汇滨江，与世博隔江相望，紧邻徐汇中心商业圈，具有得天独厚的临江天然优势。是一个以传媒、文化艺术、金融科技、人工智能为一体的新型综合高端服务区。板块附近有 5 条地铁线，交通十分便利。学校有惠林顿国际学校、惠立双语国际学校、南模中学等近 10 所中小学和多所幼儿园。周边 2km 范围内有上海敦复医院、上海中医药大学附属龙华医院、复旦大学附属肿瘤医院等医疗配套。区域内有绿地缤纷城、保利时光里、正大乐城等大型商业综合体。

徐泾，国际一流的现代服务业集聚核心区，以会议会展、商务办公、特色居住功能为主导的现代化城区，占据了西虹桥核心区的优质位置，紧挨虹桥商务核心区，区域有大量商务人群。区域内有 2 条地铁线贯穿，交通便利。除了万科天空之城和蟠龙天地的商业配套外，周边的虹桥天地、龙湖天街、新华联、奥特莱斯、山姆会员店等距离都很近，居民的休闲购物都能得到满足。教育资源配套有徐泾小学和青浦外国语小学、宋庆龄学校等。

2.2.17 北京板块分析

北京，政治中心、文化中心、国际交往中心、科技创新中心。不仅在中国是一线城市，更是世界级的一线城市。拥有超过 2000 万人，人均可支配收入达 7 万多元。人口基数大，房地产购买力强。

海淀，教育资源的天花板，拥有集中、优质的教育资源和智力储备。海淀区集中了多所顶尖高等学府和众多的学术机构。同时，海淀区拥有处于世界前沿的科技水平，除了本身强大的教育机构支撑，还有中关村、上地等高科技产业带。颐和园、圆明园、香山等都是不可替代的文化资源。区域周边以"一条轨道，二条高速，三横三纵的城市主干道"组成了非常成熟的城市交通路网，可便捷到达中关村、北二环核心区及首都机场等。区域内还有超过3家以上的三甲医院，医疗配套十分完善。

丽泽商务区，西二环边最后一块成规模的集中建设区，北京西南部发展的新地标，坐拥北京西南三环内第一道绿化隔离地区，生态优势明显。作为新兴金融产业集聚区、首都金融改革试验区，重点发展互联网金融、数字金融、金融信息、金融中介、金融文化等新兴业态，入驻企业已达700多家。区域内地铁和公路形成"五横八纵"格局，交通优势显著。商业配套主要有银座大厦、恒泰广场，距离公主坟商圈、五棵松商圈等大型商圈也很近。此外，多家顶级医疗机构分布在此区域内，在医疗配套方面提供了强大保障。

亦庄，以移动通信、汽车制造、生物制药、现代制造业、电子信息产业为主，汇聚了大量的制造业。亦庄学籍独立，教育资源上建华实验亦庄学校、人大附中经开新校区、北京二中亦庄分校建设，实现新增优质中小学学位1万个。北京急救中心直属分中心和一些社区卫生中心的落地保障了医疗设施配套。

龙湖天街、瀛海环宇城等大型商业的建设落地，为当地居民提供了极大的生活购物便利。另有 2 条地铁线建成通车，极大改善了亦庄的交通拥堵情况。

通州，北京的城市副中心，拥有总部经济、文化旅游、尖端芯片、智能制造等产业集群。承接朝阳的外溢区位，区域面积广阔。有广渠快速路、京通快速、京哈高速、京沈高速四条公路，还有非常密集的轨道交通。商业娱乐配套方面，领展广场、万达广场、国泰百货、环球影城和城市大道等不仅满足居民生活需求，还提供了多元化娱乐购物体验。北京二中、首师大附中、北京五中、景山学校等通州校区的建设，使全区示范高中达到 8~10 所，并承接了中心城区高等院校转移。此外，北京大学人民医院通州院区正式开诊，北京友谊医院通州院区二期即将竣工。

2.2.18 深圳板块分析

深圳，全国性经济中心城市、科技创新中心、区域金融中心、商贸物流中心。拥有 1700 多万人，人均可支配收入达 7 万多元，人口吸附力强，房地产购买力强，城市环境宜居。深圳住宅严重供不应求，领涨全国房价，过去 10 年房价涨了 4.6 倍。城市发展方向为向西发展。

深圳湾，后海总部基地，区域内云集了多家知名企业。深圳湾作为深圳的顶级高端楼盘区，有 3 条地铁线，片区居住氛围纯粹，大型商业中心主要依赖宝能太古城购物中心。片区内高端的商业中心主要集中在金融商务区，以深圳湾万象城为中心，周边汇聚了海岸城、保利文化广场等商业。区域内的深圳湾学校、南山第二外国语学校、育才三中、北师大附中，师资力量强大。深圳歌剧院、人才公园、沿海而建的深圳湾公园就坐落于此，具有一望无际的海平面，一流的生态和文娱资源。

前海，产业基础极其雄厚。紧邻深港两个机场，在珠三角一小时和香港半小时交通圈内，已开通 2 条地铁线，规划中的地铁线有 3 条地铁，具备良好的海陆空交通条件和突出的综合交通优势。华润万象前海、粤港澳青创小镇等配套商业陆续开业，让前海的生活配套也更完善。

南山西丽，"十四五"规划中，西丽枢纽将成为国内最大的高铁、城际与城市轨道交通换乘站，同时也将是世界上最繁忙的综合交通枢纽之一。西丽枢纽高铁站，引入 4 条铁路，同时引入 4 条地铁、2 条城际线。有留仙洞总部基地、国际科教城等高端产业群。

宝安中心区，是宝安的行政、商业、商务、文化、体育和信息中心。随着"十三五"规划落地实施，片区内海陆空交通体系已形成，4 条地铁穿行其中。商业配套上，已入驻沃尔玛、华润万家、赛格电子、苏宁电器、欧麦德家居广场等。片区内有数十所中小学，教育资源丰富。另有深圳市宝安区中心医院、深圳市宝安区中医院等三甲医院作为医疗保障。

福田香蜜湖，一个大隐隐于市的地方。居住密度低，是传统高端楼盘区。配套齐全，学校有深圳高级中学、明德实验学校、外国语学校、竹园小学等。商业配套有香蜜湖酒店东座、山姆会员商店等，其他还有友谊医院等市政医疗设施。交通条件完善，有5条地铁，加上香蜜湖金融中心的落地，发展前景一片光明。

第3章

地段与产品

—

—

3.1 如何选地段

地段选择需要综合考虑道路交通、配套设施、周边环境和自然景观四个方面，如图3-1所示。

图3-1　地段选择需要综合考虑的方面

（1）道路交通。首先需要考虑楼盘与市中心的距离远近，以及开车、地铁、公交出行的方便程度。如果楼盘附近有城市快速路，或者步行 1km 内有地铁站，即便距离 CBD 半小时车程，通常也容易被人们接受。地铁站、公交站对新区的刚需楼盘影响较大，所以买房的时候需要重点关注城市的地铁规划图；而改善和高端楼盘对开车出行的快速路网更敏感，买房时查询手机地图 App 即可解决。容易被忽视的是有些楼盘路网虽然发达，但整个板块容积率太高，例如普遍在 2.5 以上，这意味着楼盘高层太多，居民太多，车也太多，入住后会发现不是堵车堵在小区门口，就是堵在车库里，这很可能会影响其二手房的价值。

交通条件中，最重要的因素是地铁站。很多人觉得，平时都是开车出行，买房不需要考虑地铁。其实，地铁和房产价值相关性非常大。为什么呢？第一，从地铁就能看出政府对该板块的重视程度。地铁的造价非常昂贵，每千米6亿~10亿元，所以地铁站周边一定是规划重点发展的区域和产业。虽然地铁对一些高端楼盘房价几乎没有影响，但它是高端楼盘的必要条件。在各大城市，地铁旁边未必有高端楼盘，但高端楼盘旁边一定有地铁。所以买房的时候，需要看这个板块的地铁数量和开通地铁时间早晚。如果开通地铁时间早、地铁数量多，说明该区域发展优先级高、产业好、人口吸附力强。第二，地铁对刚需、改善楼盘人员出行有帮助，会带来大量的人流，人流又会带动产业和周边商业的价值。所以刚需、改善买房还是要重点看地铁的。第三，地铁房虽然不一定保值增值，但地铁房未来的流通性一定更好。

（2）配套设施。考虑的优先顺序通常为学校、医院、商业。当然这些配套并非越近越好，而是以2km左右距离为佳。因为从负面影响上讲，学校会产生噪声，上学放学时间容易导致周边交通拥堵；医院会让人产生病毒恐惧，周边人员可能比较杂乱；大型商业会导致交通拥堵。

学校在配套设施里面地位最重要。刚需和改善楼盘对学校特别敏感；而高端楼盘购买者由于年龄普遍在45岁以上，孩子已经上了初中，对学校的敏感度会降低，但不代表就不需要学校。虽然一时的政策变化可能改变楼盘与学校的对应关系，对学生就读情况有一些影响，但总体上学校对于买房的重要性都不可动摇。因为不管是在中国还是在西方，不管是古代还是现代，富裕家庭对子女教育的重视从来就没有变过。

总之，买房时一定要仔细研究这个板块的控制规划图，而售楼部通常都会提供，如果没有提供也可以上网搜索。公园、学校、商业、医院、公共设施、工业用地等因素都会在控制规划图中呈现出来。

（3）周边环境。为什么很多人都抛弃老城区选择新城区，就是因为老城区周边环境差，城市界面破旧。而新楼盘附近的高压线、加油站、火葬场、公墓、高架桥等不利因素也需要纳入买房考虑因素，这些不利因素的展示通常在售楼部展板中体现，需认真阅读。改善和高端楼盘对周边环境要求更高，必须到现场亲身感受。

（4）自然景观。楼盘附近的江、河、湖、海、山、公园等自然景观可以为刚需和改善楼盘价值加分，因为对于刚需和改善楼盘，自然景观并非必须要素，只能成为加分项；但对于高端楼盘，如果缺乏优质的自然景观，就难以支撑高端楼盘的定位。对于自然景观，买房时必须到现场亲身感受。

从这里我们可以清晰地看到，地段并不是简单地理解为距离主城核心区的远近程度，如果简单地按距离远近来判断地段好不好，那是非常肤浅的。地段其实是一个综合概念。如果某个楼盘所处板块的产业发达、配套优良、周边环境好、自然景观好，那它即便距离市中心达到 10～30km 车程（根据打车 App 统计数据，即便对于特大城市，也不宜超过 30km），依然可能成为好地段，比如苏州的工业园区，重庆的中央公园板块，西安的曲江板块，武汉的光谷中心城，成都的天府新区，杭州的未来科技城等。这些板块让许多买房人困惑，甚至让许多房地产业内人士都看不懂，为什么那边偏远还要卖那么贵，就是因为上述关于"地段"的综合概念造成的。

3.2 好产品的重要性

大家都知道了买房地段的重要性，但如果只考虑地段，那就片面了。今天早已不是过去那个只要地段好，随便买房都能保值增值的年代了，如今房地产市场已经进入了所谓的"产品时代"，买房还必须关注产品本身。

下面讲一个真实的项目，这个项目位于重庆主城 CBD 南滨路，其区域板块、道路交通、配套设施、周边环境都不错，其自然景观更是近乎天下无敌，从阳台和卧室都能看到重庆的美景。因此，从地段角度分析，它的先天条件是非常好的。我们再来看一下这个楼盘产品，其户型存在不少缺陷：外立面不符合主流审美，工程质量也不好；小区景观设计和维护都很差；

公区的精装也非常简陋。因此，从产品角度来讲，这是个很糟糕的房产。该楼盘在地段和产品这两种属性的共同作用下，产生的房地产价值就很低，2022年的单价仅为1.6万元/m²，而周边的江景房可达到4万元/m²。在地段绝佳的情况下，由于产品失败导致的房地产价值降低，这类案例屡见不鲜。毕竟在房子漫长的寿命中，主要还是给人住的，而不是用于交易的，还需回归使用本质，如图3-2所示。

图3-2 项目一举例

我们再来看第二个项目。这个大平层项目的区域板块，道路交通比较好，但商业配套和学区配套都比较差。像自然景观这种对于大平层非常重要的因素，项目却没有。周边环境也很不利：一街之隔就是全市最大的公租房小区，城市界面非常差；楼盘还紧邻着轻轨，噪声干扰很大。因此这个楼盘先天的地段条件其实不太好，那它的产品如何呢？其大平层户型非常好；外立面设计了大面积玻璃窗，加上弧形的铝板造型和金属线条镶边，显得时尚而精致。小区中庭设计了艺术化的椭圆形翡翠之心，应用了许多名贵石材和乔木。开发商品牌在全国也是首屈一指，意味着它的物业服务和工程质量大概率会做得比较好。市场表现是该楼盘 2022 年大平层单价 2.5 万元/m²，而周边均价仅有 1.8 万元/m²。像这类先天地段条件不足，靠后天优秀的产品来力挽狂澜的案例，近年来也越来越多，充分体现出房地产的居住属性，如图 3-3 所示。

房地产价值：该楼盘大平层 2.5 万元/m²；周边均价 1.8 万元/m²

图 3-3　项目二举例

由此可见，产品力对房地产价值的重要影响。通常，在地段影响因素大致相同的情况下，产品力较强的项目一定会胜出，其房价会领涨和拉动整个区域房价，而未来这个趋势会越发显著。

3.3 产品档次

高端、改善、刚需的产品线对应各自的土地条件、产品标准、客户群和成本支撑，绝不能发生"错位"。买房如果购买"错位"，房子就会缺乏增值潜力。我们先说开发商正常的产品定位：他们常以产品档次划分其住宅产品线，并为其高端、改善、刚需的产品线取差异化、文艺性的名字。例如高端产品线，业态采用大平层、独栋别墅，外立面设计为现代雕塑风格，售价为项目所在城市均价的 2 倍以上，位于城市核心区（区域发展起步早，城市及经济文化中心，各种配套成熟，档次较高，交通便捷）或远郊区（拥有稀缺的景观资源，有快速路网通向市区）。

事实上，许多开发商由于自身水平问题，很可能导致产品"错位"，给买房人带来潜在风险，所以一定要避免个人产品需求与项目定位之间的错位，做到以下三个"不能"：

（1）不能允许高端楼盘里面混杂小户型，必须选择全是大户型的高端楼盘。

（2）不能在改善楼盘中购买高端的 $300m^2$ 的大平层或独

栋别墅。

（3）不能在刚需楼盘中选择 160m² 以上大面积洋房。

如果"错位"购买，未来你的房屋价值很可能会受楼盘整体价格的拖累，缺乏增值潜力。

3.4 改善买房的 4 大原则

如果刚需买房主要解决房子有和无的问题，那么改善买房主要是解决房子好和坏的问题。在买改善、高端房时，有如下四个建议：

（1）一定要换区域板块。绝大多数人因为亲情，因为朋友，因为熟悉，不愿意搬得太远，这不够理性，买房思路一定要打开。你一定要搬去城市最有价值、最有前景的地段。房子买不起大的就买小一点的；买不到核心区，就买核心区周边的。

（2）依然要控制面积和总价。改善买房并不是越大越好。比如在二线城市，买一套 1000 万元的大别墅，要涨到 2000 万元很难，接盘人也很少；但如果买两套 500 万元的市区大平层，一套自住，一套出租等待升值（或者买同一层的两套，可以打通使用也可以分开出售），整体要涨到 2000 万元还是更容易的。从产品角度讲，大平层室内没有楼梯，便于使用，景观视野也非常好，比跃层、别墅更宜居。

（3）改善就是一次改错，是一次产品升级。以前刚需买房犯的错，这次就不能再犯了：这次尽量去买多层而不是高层，户型一定要大面宽，有独立玄关，要有横厅、更多的房间、舒适的尺度，主卧带独立衣帽间、开窗面要大；楼盘外立面如果连铝板、石材、大面积玻璃窗都舍不得用的，那依然是刚需房，就别再去买；这次一定要选经营稳健的品质开发商，则不会有那么大的交房风险。

（4）不要为个人喜好买单。很多人的性格就是只管自己的感受，不会考虑别人的感受，所以买房的时候只管自己喜欢不喜欢，只考虑自己小众化的需求，完全不会考虑将来卖房的时候接盘人是否喜欢。这是买房增值的大忌。买房太任性，就是用自己的小众需求对抗未来的大众需求，终究是要付出代价的。你还需要考虑商品的利他性和趋势性：离你单位近但没有良好配套的地段别去买，顶楼和底楼尽量别去碰，过于个性化的精装风格别去搞，也不要把户型改得很诡异。

3.5 哪些产品不能买

以下几类房产，不建议购买：

（1）没有配套的老破小。房子不是永恒不变的，它依然是一个消耗品，衰老的速度虽然慢，但肯定有衰老，老到了一定的程度,接盘的人自然就会变少。比如许多房子在老城区,周边环境差,未来价值就不大。因为全国只有极少数城市的极少数核心老城区能增值。再比如房子没电梯、户型差、采光差、物业管理差,甚至许多老房子连车库都没有。不仅是接盘的人会"歧视"老房子,银行对房产价值进行评估时,也会考虑到衰老程度进行折价。

(2) 有严重不利因素的房子。比如紧邻高压线、加油站、公墓的房子,这些房子虽然没有安全问题,但给人的视觉和心理都造成不利影响;比如紧邻大型美食街的裙房,油烟味会对住户造成很大的干扰;再比如紧邻高速路或铁路的房子,巨大的噪声会让人难以入眠。开发商通常在售楼部会展示楼盘的不利因素,买房前必须认真阅读才不会踩坑。

(3) 开发周期长的超级大盘。超级大盘由于开发商拿地均价比较低,一旦遇到行情不好,很容易去降价促销,这对已经买房好几年的人意味着房子贬值。由于开发周期长(通常在5年以上),在整个项目没有卖完的情况下,房价难以上涨。当你考虑出售的时候,会发现产品同质化严重,而且二手房库存巨大,房子流通性很差。

(4) 总价高的房子。超过一定总价后,比如一线城市超过2000万元,二线城市超过1000万元,则购买力直线下降。所以这样的房子即便居住性好,但投资性很差,尤其是远郊别墅。这些楼盘的道路交通往往不方便,通勤时间超过人们的容忍极限。这种房子增值率和转手率都很低。

（5）存在严重缺陷的房子。户型、精装、景观等常见的严重缺陷将在后面章节中具体阐述。

最后，法拍房、公寓、商铺这些能不能买呢？不能一概而论。买这些房子类似于买股票，需要很高的技术含量和丰富的经验，需要在专业人士指导下谨慎购买。

3.6 买房常用辅助工具

综上所述，买房者需要了解的三大要素包括地段、价格和产品（特别是户型和装修）。这些信息除了从售楼部了解外，还需要借助互联网工具进行更客观、深入、全面的分析，常用的互联网工具主要有以下两个：

（1）相关找房 App。主要解决地段比较、价格对比和楼盘户型查看这三个问题。在"地图找房"功能中可以选择"新房""二手房"的行政区、板块、楼盘等信息，然后在板块中查到目标楼盘与附近楼盘的价格和户型。

（2）相关网站，如金研宝网站（jyb. kinpan. com）。设计师往往由于个人经验、工作环境、学习条件等所限，未必有足够多的设计素材，不能形成设计水平的质变，所以才造成那么多失败的户型、遗憾的外立面、奇葩的景观和诡异的精装。金研宝网站利用全网海量动态数据，基于数据的主动推荐算法，建立了一套完善的素材系统，可以提升设计师的个人水平。工欲善其事必先利其器，在这个算法时代，只有掌握了先进的设计算法工具，才能人无我有，脱颖而出。

在金研宝网站，有关于买房的基础课程学习视频、当地优秀户型参考、优秀装修图片参考等实用功能，主要解决你选择楼盘产品的能力问题。

当你选择户型时，可以通过金研宝网站了解同区域的优秀户型，提升对劣质户型的辨别力。

当你装修时，可把金研宝网站中"精装房"图片作为设计意向，这些图片具有行业的普遍适用性，可以避免个人和设计师的专业知识缺乏带来的风险。其图片极其丰富和专业，包含玄关、客厅、餐厅、厨房、卧室、卫生间等主要部位的天、地、墙、家具的近期主流设计。例如如图3-4所示玄关柜、餐边柜、橱柜的造型和颜色意向，卧室衣柜造型和颜色，卧室木地板颜色等都可以在金研宝网站图片中结合个人喜好来筛选，选到的图片对设计师和装修公司具有很强的指导意义。

图3-4　"精装房"图片举例

图 3-4 "精装房"图片举例（续）

3.7 四维模型的应用实例

现以一位预算 500 万元的买房者购买高端大平层的思考过程为例，揭示科学买房四维模型的实用价值，见表 3-1。

第一步，选对城市板块。一定要买城市最有价值、最有前景的板块，绝大多数人的工作都不是永远固定在一个地方的，人不能把自己局限起来。此次买房的城市在重庆，改善和高端板块主要位于礼嘉、江北嘴、照母山、中央公园、悦来等地，这

表 3-1 科学买房四维模型

| 板块名 | 板块 | | | 地段 | | | | | | | | 产品 |
	高端产业	购买力	历史房价	楼盘	地铁	医院	商业	公路	学校	周边环境	自然景观	户型、外立面、精装、景观、物业
板块1	软件互联网、现代服务业	高收入人群聚集	涨幅最大	A	有	近	近	快速	最好	好	较好	大横厅、落地窗好、景观好、物业好
板块2	金融业、现代服务业	高收入人群聚集	涨幅较大	B	有	近	近	快速	较好	好	最好	无大厅、门窗差、景观差、物业差
板块3	软件互联网、现代服务业	高收入人群聚集	涨幅最大	C	无	近	近	快速	最好	好	一般	大横厅、落地窗好、景观好、物业好
板块4	软件互联网	中产聚集	涨幅最大	D	有	近	近	普通	最好	好	差	大横厅、落地窗好、景观好、物业好
板块5	软件互联网	中产聚集	涨幅较大	E	有	近	近	普通	较好	好	较好	大横厅、落地窗好、景观好、物业好

些板块有软件互联网、现代服务业、金融业等高收入产业，历史房价最近几年处于上涨态势。

第二步，选对地段。因为即便在同一板块，地段不同，房价上涨速度也不同。还需要综合配套设施、道路交通、周边环境、自然资源等因素，在好板块中选到好地段。

第三步，选对产品。许多买房人都做对了第一步和第二步，第三步却草率了，所以无法实现住得好。在地段绝佳的情况下，由于产品没有买对，导致房价涨得慢的案例比比皆是，所以我们买房还需要深入了解楼盘产品，对户型、精装、景观、开发商、物业进行深入了解和仔细判断。基于以上三步，礼嘉楼盘A由于板块、地段、产品都能符合要求，价格也控制在500万元左右，成为了最终的成交对象。用这样层层分析的方式，就能筛选到满意的房子。

买房者是如何深入分析产品特性的呢？我们将在后续章节中详细介绍。

第4章

好户型与坏户型

—

—

4.1 如何选择面积

根据开发商内部的 70 城房产大数据，可以看到选多大面积的房子最保值增值，具体如下：

（1）北上广深一线城市刚需自住和投资，选 80~100m² 的小 3 房，好用好转手。注意这个面积区间不要去买 2 房，功能不够用，不好卖。买 1000 万元以上改善类住宅，优先考虑一线城市，流通性更好。

（2）二线城市刚需自住和投资，首选 90~120m² 的舒适 3 房，二线城市房价相对更低，如果面积买得太小，未来上涨空间小，浪费了首套房贷款的优势。改善型自住可以买 130~170m² 的 4 房大户型，但这个面积区间流通性会降低。如果选择高端自住，毫无疑问应该选 180m² 以上的大平层，居住更加舒适，还有一定的上涨空间，千万不要去买别墅。180m² 以上的高层大平层要特别注重梯户比的配置，如果高层电梯太少，比如 2 梯 3 户或 2 梯 2 户的 33 层住宅，如果其中一部电梯坏了，交通压力会异常大，建议放弃。

（3）三四线刚需自住买 120~140m² 的 4 房，因为这些城市单价更低，这个面积区间好用好转手。千万不要去买 180m² 以上的大平层，总价高，增值慢，流通性很差。

4.2 如何选到好户型

什么样的户型更保值？买房时怎么选到好户型呢？以下是开发商内部的选户型 12 大黄金法则，买房时可用来判断是不是好户型。

（1）大面宽楼型。面宽越大采光越好。对于南方地区，采光并不等于日照，因此北面的房间即便没有日照，增加面宽后依然可以获得更好的反射性采光。

（2）私家电梯厅。私家电梯厅可增加住户尊贵感并获得一定的自主使用面积。

（3）独立玄关。独立玄关可增加归家仪式感和收纳空间，对于改善、高端楼盘，独立玄关所带来的私密性和仪式感不可或缺。

（4）客厅局部可变。客厅与次卧之间需设计为隔墙，用户根据自身需要可打通客厅与旁边次卧，形成 L 形客厅，增加室内公共空间的丰富性。

（5）为了减少面积浪费，过道面积应最小化。大型商业、独栋别墅的设计会强调动线，但对于普通住宅，动线的意义不大。一百多平方米的空间，你还想怎么动？因此对于普通住宅，动线设计、动静分区都不是重点，尽量压缩过道面积，从而获得更多的使用空间才是关键。

（6）横厅设计使得空间尺度感大大增加。产品好不好，首先看户型；户型好不好，首先看客厅。目前，客厅的面积和比例都越来越大，以前那些开间4m甚至4.5m的大竖厅，很快就会成为过时的户型。未来流行的客厅主要是横厅、方厅、端厅。

（7）客餐厨一体化，形成南北通透。

（8）宽景阳台，使用舒适。

（9）功能俱全，更多的房间。比如90~120m² 设计了3房；120~200m² 设计了4房。需要特别说明的是，200~300m² 通常也会设计为4房，规律是面积越大，卫生间越多，而不是房间越多。这是因为除了主人房、老人房，剩下的两个房间，可以留给不同性别的小孩居住，而并不需要每个小孩一个房间。那书房怎么办呢？未来的趋势是书房放在起居室，而不是单独的房间。200m²以上当然也有设计为5房或6房的，但一定要控制好面积。房间数一增加，客厅和卧室尺度都会因此而降低，豪华感也会随之下降，所以太多的房间数，比如300m²的6房，并不是主流设计。

（10）厨房使用效率高。U形厨房由于台面操作长度更大，因此具备更高的使用效率。

（11）主卧带独立（或步入式）衣帽间。120m²以上户型，主卧一般设计步入式衣帽间。步入式衣帽间对女性有更多的吸引力。主卧设计很重要的就是进深尺度。进深如果达不到3.7m，就无法实现最简单的双排型独立衣帽间。进深拉到4.3m以后就有条件做一个L形衣帽间，可以把浊气隔断，视线上也可以遮挡卫生间，让这个空间更加独立。而双排型也有优势，即半夜上厕所更方便。

（12）**主卧开窗面积较大，使得采光和空间感更佳。**

综上所述，90m² 的好户型不应少于 2 个亮点；100～110m² 的好户型不应少于 4 个亮点；120～160m² 以上的好户型不应少于 6 个亮点；170m² 以上的好户型不应少于 8 个亮点。达不到这些标准的户型不是好户型。

以 90m² 洋房 3 房 2 卫为例分析：独立玄关，使得鞋柜收纳空间更大，也增加了餐厅的独立性和清洁度；目前对于 180m² 以下户型，为减少过道浪费，套内交通面积最小化都是主流趋势；90m² 左右户型做到 3 房 2 卫，能很好解决功能房间数量问题和早晨卫生间使用紧张的问题；U 形厨房由于台面操作长度更大，因此具备更高的使用效率。综合评价后，亮点共 4 个，最大亮点是 3 房带 2 个卫生间，如图 4-1 所示。

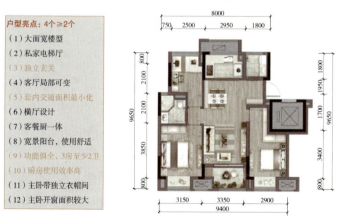

图 4-1　90m² 洋房 3 房 2 卫

以 100m² 洋房 3 房 2 卫（横厅）为例分析：3.5m 面宽更有利于采光；独立玄关，增加了归家仪式感，使得鞋柜收纳空间更大，也增加了餐厅的独立性和清洁度；目前对于 180m² 以下户型，为减少过道浪费，套内交通面积最小化都是主流趋势；横厅减少了过道浪费，与厨房、阳台连通后使得空间尺度感大大增加；3 房 2 卫，能很好解决功能房间数量问题和早晨卫生间使用紧张的问题；U 形厨房由于台面操作长度更大，因此具备更高的使用效率。综合评价后，亮点共 8 个，最大亮点是这么小的面积，居然有了横厅，如图 4-2 所示。

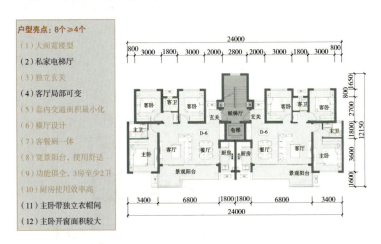

户型亮点：8个≥4个
（1）大面宽楼型
（2）私家电梯厅
（3）独立玄关
（4）客厅局部可变
（5）套内交通面积最小化
（6）横厅设计
（7）客餐厨一体
（8）宽景阳台，使用舒适
（9）功能俱全，3房至少2卫
（10）厨房使用效率高
（11）主卧带独立衣帽间
（12）主卧开窗面积较大

图 4-2　100m² 洋房 3 房 2 卫（横厅）

以 120m² 洋房 4 房 2 卫（竖厅）为例分析：私家电梯厅可增加住户尊贵感并获得一定的自主使用面积；客厅与次卧之间需设计为隔墙，用户根据自身需要可打通客厅与旁边次卧，形成 L 形客厅，增加室内公共空间的丰富性；目前对于 180m² 以下户型，为减少过道浪费，套内交通面积最小化都是主流趋势；客厅、餐厅、厨房、阳台连通后使得空间尺度感大大增加，南北通透，有利于采光和通风；4 房 2 卫，能很好解决功能房间数量问题；U 形厨房由于台面操作长度更大，因此具备更高的使用效率；主卧带有独立衣帽间，增加了住户的体验感。综合评价后，亮点共 8 个，最大亮点是"麻雀虽小，五脏俱全"，如图 4-3 所示。

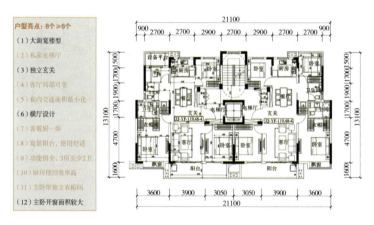

图 4-3 120m² 洋房 4 房 2 卫（竖厅）

以 120m² 洋房 4 房 2 卫（横厅）为例分析：4m 面宽更有利于采光；独立玄关，增加了归家仪式感，使得鞋柜收纳空间更大，也增加了餐厅的独立性和清洁度；目前对于 180m² 以下户型，为减少过道浪费，套内交通面积最小化都是主流趋势；横厅使得空间尺度感大大增加，南北通透，有利于采光和通风；

2m 面宽阳台，使用舒适；4 房 2 卫，能很好解决功能房间数量问题；深 U 形厨房由于台面操作长度更大，因此具备更高的使用效率；主卧带有独立衣帽间，增加了住户的体验感；主卧开窗宽度较大，使得采光和空间感更佳。综合评价后，亮点共 9 个，最大亮点是在不牺牲房间数的情况下，设计了横厅，如图 4-4 所示。

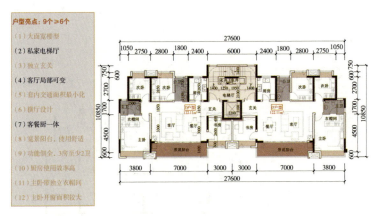

图 4-4　120m² 洋房 4 房 2 卫（横厅）

以 130m² 洋房 4 房 2 卫为例分析：4m 面宽更有利于采光；独立玄关，增加了归家仪式感，使得鞋柜收纳空间更大，也增加了餐厅的独立性和清洁度；目前对于 180m² 以下户型，为减少过道浪费，套内交通面积最小化都是主流趋势；横厅使得空间尺度感大大增加，南北通透，有利于采光和通风；2m 面宽阳台，使用舒适；4 房 2 卫，能很好解决功能房间数量问题；双排型厨房由于台面操作长度更大，因此具备更高的使用效率；主卧带有独立衣帽间，增加了住户的体验感，卫生间与主卧连通后采光通风更佳。综合评价后，亮点共 8 个，最大亮点是设计了豪华主卧，如图 4-5 所示。

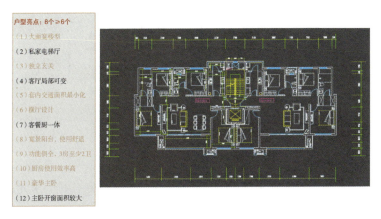

户型亮点：8个 ≥6个
（1）大面宽楼型
（2）私家电梯厅
（3）独立玄关
（4）客厅局部可变
（5）套内交通面积最小化
（6）横厅设计
（7）客餐厨一体
（8）宽景阳台，使用舒适
（9）功能俱全，3房至少2卫
（10）厨房使用效率高
（11）豪华主卧
（12）主卧开窗面积较大

图 4-5　130m² 洋房 4 房 2 卫

　　以 140m² 洋房 4 房 3 卫为例分析：4m 面宽更有利于采光；独立玄关，增加了归家仪式感，使得鞋柜收纳空间更大，也增加了餐厅的独立性和清洁度；目前对于 180m² 以下户型，为减少过道浪费，套内交通面积最小化都是主流趋势；横厅使得空间尺度感大大增加，南北通透，有利于采光和通风；2m 面宽阳台，使用舒适；次主卧带卫生间，4 房 3 卫，能很好解决功能房间数量问题；U 形厨房由于台面操作长度更大，因此具备更高的使用效率；主卧带有独立衣帽间，增加了住户的体验感。综合评价后，亮点共 8 个，最大亮点是 3 个卫生间，如图 4-6 所示。

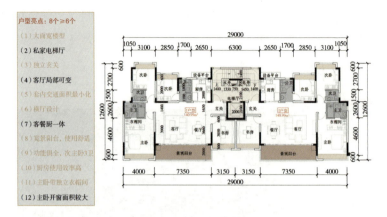

户型亮点：8个≥6个

（1）大面宽楼型
（2）私家电梯厅
（3）独立玄关
（4）客厅局部可变
（5）套内交通面积最小化
（6）横厅设计
（7）客餐厨一体
（8）宽景阳台，使用舒适
（9）功能俱全，次主卧3卫
（10）厨房使用效率高
（11）主卧带独立衣帽间
（12）主卧开窗面积较大

图 4-6　140m² 洋房 4 房 3 卫

以 160m² 洋房 4 房 3 卫为例分析：4m 面宽更有利于采光；私家电梯厅可增加住户尊贵感并获得一定的自主使用面积；独立玄关，增加了归家仪式感，使得鞋柜收纳空间更大，也增加了餐厅的独立性和清洁度；目前对于 180m² 以下户型，为减少过道浪费，套内交通面积最小化都是主流趋势；横厅使得空间尺度感大大增加，南北通透，有利于采光和通风；2m 面宽阳台，使用舒适；次主卧带卫生间，4 房 3 卫，能很好解决功能房间数量问题；U 形厨房由于台面操作长度更大，因此具备更高的使用效率；主卧带有独立衣帽间，增加了住户的体验感。综合评价后，亮点共 9 个，最大亮点是增加私家电梯厅，如图 4-7 所示。

以 130m² T2 小高层 4 房 2 卫为例分析：4m 面宽更有利于采光；私家电梯厅可增加住户尊贵感并获得一定的自主使用面积；

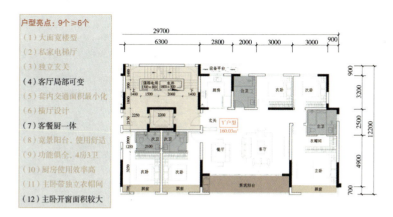

图 4-7　160m² 洋房 4 房 3 卫

独立玄关，增加了归家仪式感，使得鞋柜收纳空间更大，也增加了餐厅的独立性和清洁度；客厅与次卧之间需设计为隔墙，用户根据自身需要可打通客厅与旁边次卧，形成 L 形客厅，增加室内公共空间的丰富性；客厅、餐厅、厨房、阳台连通后使得空间尺度感大大增加，南北通透；2m 面宽阳台，使用舒适；4 房 2 卫，能很好解决功能房间数量问题；U 形厨房由于台面操作长度更大，因此具备更高的使用效率；主卧带有独立衣帽间，增加了住户的体验感，卫生间与主卧连通后采光通风更佳。综合评价后，亮点共 9 个，最大亮点是豪华主卧，如图 4-8 所示。

以 140m² T2 小高层 4 房 2 卫（横厅）为例分析：4m 面宽更有利于采光；私家电梯厅可增加住户尊贵感并获得一定的自主使用面积；独立玄关，增加了归家仪式感，使得鞋柜收纳空间更大，也增加了餐厅的独立性和清洁度；横厅使得空间尺度感

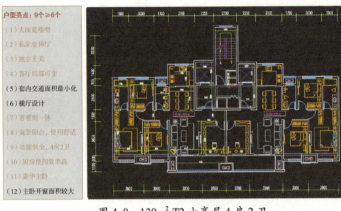

图 4-8　130m² T2 小高层 4 房 2 卫

大大增加，南北通透，有利于采光和通风；2m 面宽阳台，使用舒适；4 房 2 卫，能很好解决功能房间数量问题；U 形厨房由于台面操作长度更大，因此具备更高的使用效率；主卧带有独立衣帽间，增加了住户的体验感；主卧开窗宽度较大，使得采光和空间感更佳。综合评价后，亮点共 10 个，最大亮点是横厅设计，如图 4-9 所示。

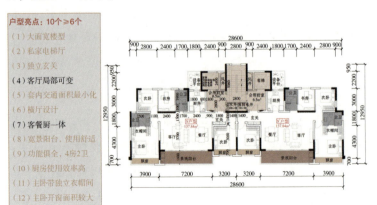

图 4-9　140m² T2 小高层 4 房 2 卫（横厅）

以 170m² T2 小高层 4 房 3 卫（入门级大平层）为例分析：4m 面宽更有利于采光；私家电梯厅可增加住户尊贵感并获得一定的自主使用面积；独立玄关，增加了归家仪式感，使得鞋柜收纳空间更大，也增加了餐厅的独立性和清洁度；横厅使得空间尺度感大大增加；2m 面宽阳台与客厅一体化，令空间尺度更大；4 房 3 卫，双套房，能很好解决功能房间数量问题；主次卧分区更增加了住户的私密性；主卧带有超大独立衣帽间，增加了住户的体验感；主卧开窗宽度较大，使得采光和空间感更佳。综合评价后，亮点共 9 个，最大亮点是双套房设计，如图 4-10 所示。

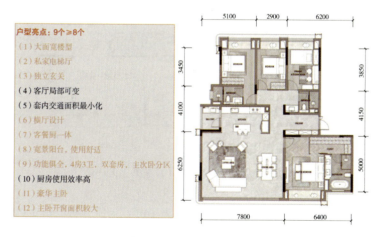

图 4-10　170m² T2 小高层 4 房 3 卫（入门级大平层）

以 190m² T2 小高层 4 房 3 卫（大平层）为例分析：4.5m 面宽更有利于采光；私家电梯厅可增加住户尊贵感并获得一定的自主使用面积；独立玄关，增加了归家仪式感，使得鞋柜收纳空间更大，也增加了餐厅的独立性和清洁度；横厅与厨房一体化使得空间尺度感大大增加；3.5m面宽阳台与客厅一体化，令空间尺度更大；4房3卫，双套房，能很好解决功能房间数量问题；主次卧分区更增加了住户的私密性；主卧带有超大独立衣帽间，增加了住户的体验感；主卧开窗宽度较大，使得采光和空间感更佳。综合评价后，亮点共10个，最大亮点是主次卧分区，如图4-11所示。

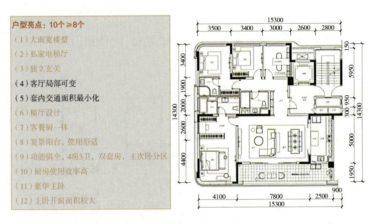

图4-11　190m² T2小高层4房3卫（大平层）

以200m² T2小高层4房3卫（大平层）为例分析：4m面宽更有利于采光；私家电梯厅可增加住户尊贵感并获得一定的自主使用面积；独立玄关，增加了归家仪式感，使得鞋柜收纳空间更大，也增加了餐厅的独立性和清洁度；横厅与厨房一体化使得空间尺度感大大增加；L形宽景阳台形成了270°采光和观景；4房3卫，双套房，能很好解决功能房间数量问题；主次卧分区更增加了住户的私密性；主卧带有超大独立衣帽间，增加了住户的体验感；主卧开窗宽度较大，使得采光和空间感更佳。综合评价后，亮点共 10 个，最大亮点是 270°宽景阳台。当面积大于 200m² 时，通常需要增加套房数量以体现尊贵感，如图 4-12 所示。

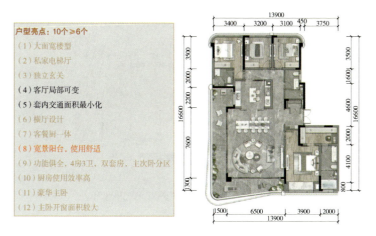

图 4-12　200m² T2 小高层 4 房 3 卫（大平层）

4.3　如何规避户型缺陷

　　户型除了有足够亮点，买房还应避免户型缺陷。根据缺陷的严重程度，大致可以分为两类：一是严重缺陷，影响正常使用和流通性，不应购买；二是一般缺陷，可忍受或可通过装修来弥补缺陷，建议选择性购买。

　　对于入户门，通常要求不得正对卫生间或卧室门。该要求针对严重缺陷。从心理学角度分析，当人在卧室或卫生间时需要一定私密性，如果入户门突然打开，可能造成诸如惊恐等心理不适感或紧张感。如果进门后有玄关过渡缓冲，玄关正对卫生间这种情况，大致可以接受，如图4-13所示。

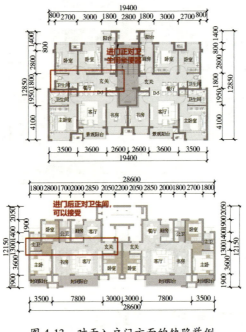

图4-13　对于入户门方面的缺陷举例

对于玄关，宜设置独立玄关，要求小户型玄关面积小于或等于5m²；预留玄关柜进深大于或等于0.35m。图4-14中三种玄关都缺乏独立性，距离餐厅过近。这属于一般缺陷。图4-14中户型面积仅为98～122m²，但玄关面积都大于5m²，造成了面积浪费。这属于严重缺陷。

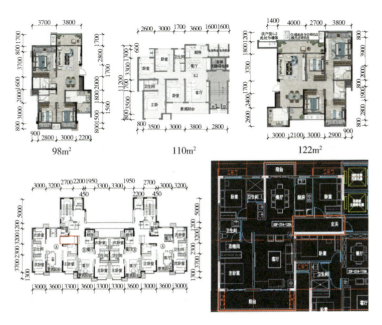

98m² 110m² 122m²

图 4-14　对于玄关方面的缺陷举例

　　对于客厅，客、餐厅应有至少一面墙位于一条线上；并注意餐厅的开间和进深尺度。图 4-15 中客厅和餐厅平面严重错位，破坏了空间的整体性。这是严重缺陷。客厅和餐厅"凸"字形布置，通常认为也可以接受，但最好还是采用矩形布置。由于餐厅通常较小，当进深小于 2m 时可能导致桌椅布置困难，影响正常使用。这是一般缺陷。

　　对于卫生间，所有户型至少为双卫，无暗卫，开间和进深不得小于规定尺寸。当面积约 90m² 时，有时设计为单卫，这是严重缺陷。3 房 1 卫已经是淘汰产品了，未来不保值，流通性很

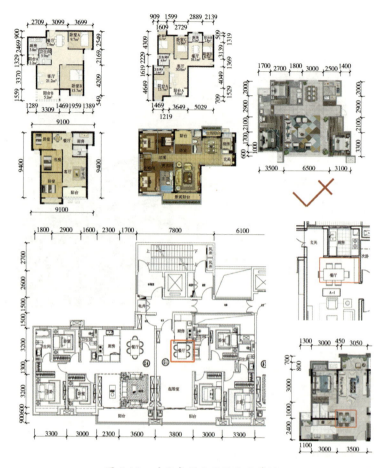

图 4-15　对于客厅方面的缺陷举例

差。不要觉得 $90m^2$ 左右的小户型，多一个卫生间是浪费面积。多出一个卫生间，会让方便性翻倍。因为早上上厕所，晚上洗澡，家人之间大概率会发生冲突，这是开发商做了多次客户研究得出的结论。

暗卫在南方存在潮湿的问题，容易发霉和产生异味；暗卫在北方存在无采光的问题，不能有效杀灭卫生间细菌，可能导致人体产生疾病。此外，中户南北不通透，对于全国广大地区的买房人是绝对不能接受的，这是严重缺陷。

由于卫生间通常偏小，当开间或进深小于图4-16中最小尺寸时，会导致卫生间过于局促，使用不便。这是一般缺陷。

89m²—3室2厅2卫

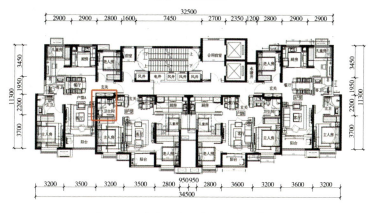

图4-16　对于卫生间方面的缺陷举例

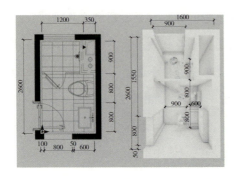

卫浴尺寸推演

进深：
800mm（面盆）
+800mm（坐便器）
+900mm（淋浴房）
+50mm×2（瓷砖完成面）
=2600mm（建筑完成面）

开间：
600mm（面盆）
+900mm（走廊）
+50mm×2（瓷砖完成面）
=1600mm（建筑完成面）

图 4-16　对于卫生间方面的缺陷举例（续）

对于空间比例，各房间面积比例应合理。例如衣帽间比例过大，接近于主卧面积，对于 140m² 户型，显然过于奢侈。而 140m² 户型需要的双面宽阳台却没有实现，也就是说阳台面积与户型面积不匹配。图 4-17 中主卧面积居然比次卧更小，完全不符合房间面积设计的正常逻辑。这些都是严重缺陷。

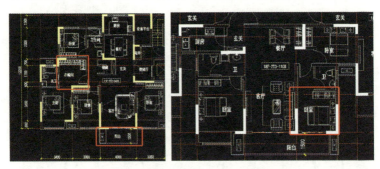

图 4-17　对于空间比例方面的缺陷举例

通常要求空间应方正，有利于家具布置和空间感。图 4-18 中卫生间转角设计将会使卫生间空间显得更局促。如果一个位置不方正，可以算一般缺陷；如果多个位置都有这种不方正的情况，就属于严重缺陷。

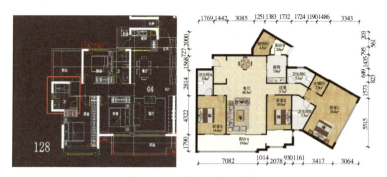

图 4-18 卫生间不方正举例

对于采光，凹槽进深不得太大，窗户宽度也不得过小，否则会导致采光遮挡。图 4-19 中卧室窗户宽度太小，而阳台进深较大，导致采光效果差。加上主卧平面凸出，也会遮挡东面日照。如果当地对采光要求不高，属于一般缺陷；如果对采光要求高，就属于严重缺陷。

图 4-19 对于采光方面的缺陷举例

4.4 其他考虑因素

4.4.1 方厅

当客厅面宽受限于规划条件时，为加强室内公共区域的空间感，提供更多活动可能，也有采用方厅的设计方式。此时，厨房、餐厅、客厅、阳台形成一个完整空间，其空间感受通常超过传统竖厅。这种设计方式也是值得推荐的，如图4-20所示。

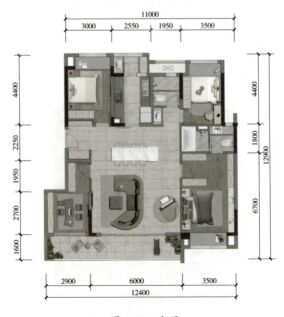

图4-20　方厅

4.4.2　边厅

当建筑山墙方向有良好的景观资源，或小区规划受面宽限制较大时，在建筑的山墙侧可能出现边厅。边厅有类似于横厅的空间尺度感，在部分地区偶有采用，但对于西晒敏感的地区和强调南北通透的地区，不建议购买这种户型，如图 4-21 所示。

图 4-21　边厅

4.4.3　层高

层高是买房时需要考虑的重要因素，尤其是对于大平层户型。由于室内净高是层高除去结构板厚（通常 100～120mm）、吊顶高度（客厅和卧室由于顶部隔声或造型需要可能采用中部大面积吊顶，高度至少 100mm）、地暖和地板高度（70mm）等，剩下的净高比层高要少，如图 4-22 所示。在买房时，对层高的最小尺度要求如下：

　高端：高层 3.15m；洋房 3.15m。

　改善：高层 3.0m；洋房 3.0m。

　刚需：高层 2.9m；洋房 3.0m。

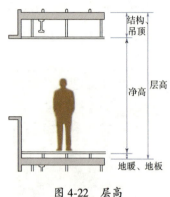

图 4-22　层高

4.4.4　楼层与视野

买房到底该怎样选楼层？选楼层时真的需要做那么多、那么复杂的分析吗？其实记住以下几点就够了：

（1）采光。普通买房人不需要懂什么日照计算，通常楼层越高、南侧楼间距越大，对采光就越有利。这样定性判断就可以了。

（2）噪声。避免紧邻铁路、高速路等巨大噪声源。一般的噪声干扰可以通过安装高品质门窗来解决。想要完全避开噪声不太现实，那只能去买安静的独栋别墅。

（3）顶层（夏天炎热、存在漏水风险和设备房噪声风险）和底层（私密性较差、采光较差、可能潮湿、树木遮挡）只符合特定人群的喜好。如果没有附加值赠送，其二手交易的流通性往往很差，应谨慎购买。

（4）腰线层。若腰线出挑尺度过大，可能导致上层用户视野遮挡，无法看到中庭景观；腰线有时会遮挡下层采光。

（5）楼层数。楼层数对于有良好景观资源的楼盘，有本质的影响。我们分以下两种情况来讲：

（1）小区内部有优质的人造景观资源时：

1）低楼层主要看地面景观和对面建筑外立面。低楼层采光虽然可能较差，但它与地面景观更加亲近。

2）中间的绝大多数楼层主要看对面建筑外立面。也就是说，小区其他楼栋的建筑外立面好坏直接影响你窗外的视野效果，因此外立面的观赏价值就等于该楼层景观视野的价值。而外立面效果也是被大多数买房人所忽视的重要因素。

3）高楼层可以看得更远、更全景，采光通常更好。当然也有风险。如果其他较低建筑屋面乱七八糟，你的观景效果也不会那么好，但这一点在买期房的时候极难把控，如图4-23所示。

（2）小区外部具备自然景观时，楼层通常越高越好。例如有好的 CBD 江景，40 楼的视野基本没有遮挡，比 10 楼就要好很多，当然价格也会贵很多。当小区外部有优质的园景、山景、海景时，也是同样的规律，如图4-24所示。

图 4-23　小区内部有优质的人造景观资源时

10楼江景　　　　　　　　　　　　40楼江景

低楼层园景　　　　　　　　　　　高楼层园景

图 4-24　小区外部具备自然景观时

4.4.5　户型朝向

户型朝向通常是指客厅阳台所处的方向。考虑到日照和通风影响，南向、东南向最好，剩下的排序为西南向、东向、西向、东北向、西北向、北向。当户型拥有优质的景观视野时，一定是景观视野优先，不必考虑朝向问题，毕竟房间的温度和通风，还可以通过空调和新风设备来解决。

第5章

如何装修
更保值

———

———

看装修样板房是购房者了解户型、面积、装修最直观、最简捷的方法之一，但仅仅依靠看样板房获取的第一印象就购房，也容易陷入片面选择的购房误区。在看样板房时，购房者需要注意以下几个细节：

（1）样板房的整体设计、装修材料的使用、家具配套等都是经过精心打造的，购房者走进精美的样板房，往往耳目一新，直观印象极佳。购房者应以客观、冷静的心理去挑选户型和其装修的效果和品质。

（2）有的样板房在装修中采用强光，并利用周围壁板的反光效果、吊顶效果以优化房屋的空间感受，还有的样板房选用专门定做的较小、较低但十分和谐配套的家具强化室内空间利用的整体效果。但以上装修效果是一般性装修难以达到的。

（3）样板房中的配套设施应有尽有，其配置一般都是市场上较为前卫的样式，看上去十分现代，使用也十分舒适。在看样板房的时候应该看清楚样板房内的东西在交房时，哪些是提供的，哪些是不提供的，提供的是否是相同品牌。

（4）出于完善装修效果的考虑，样板房一般不会设置水、煤气、暖气等管道线路，因此样板房的居室，尤其是厨房、卫生间就显得十分敞亮。样板房里不用设置上、下水，因此房间里也不会出现粗大的下水管和暖气管线。购房者要站在现房而不是样板房的角度上预先考虑房子的管道线路对实际装修效果的影响。

（5）购房者最好去看已经竣工现房中的样板房，或者是未加修饰的毛坯房。这样的房子可以使人们的目光聚焦在房屋户型、面积、朝向等大问题上，以免被人为的装修效果所左右。同时，这种房子的本身质量以及优缺点由于没有装修的遮掩，也能比较清楚地显露出来。

最后，我们在选择精装房或对毛坯房进行装修时，往往过于强调个人审美偏好而忽视时代普适性的审美规律。懂得普适性的审美规律不仅有助于避免个人审美风险，不至于装修效果很快就过时，也有利于二手房的保值，让新的房主更容易接受。在此我们只谈主流的、普适性的装修效果。

5.1 装修风格

目前，主流装修风格一共分为以下三类：

第一类是深色系的现代风格。整体以冷灰色为主，巧妙地运用土暖色点缀，营造出高冷而奢华的设计感，使空间显得高级端庄，如图 5-1 所示。

图 5-1 深色系的现代风格

图 5-1 深色系的现代风格（续）

第二类是浅色系的现代风格。整体以暖色调为主，适当以白色和灰色点缀，营造简洁、低调、温馨的设计感，如图 5-2 所示。

图 5-2 浅色系的现代风格

第三类是偏时尚的新中式风格。用东方美学将各种山、水、树等元素凝缩成精华，展现魅力无限且独具气质品味的空间，呈现高雅的艺术格调，如图 5-3 所示。

图 5-3　偏时尚的新中式风格

5.2　装修效果与功能

　　首先我们来了解玄关，应考虑其收纳能力，拒绝摆台过多、华而不实。玄关鞋柜深度通常需 350mm，不应小于 250mm，如图 5-4 所示。作为一个完整的玄关柜，至少应具备以下空间和功能：

　　（1）置物区。可放置手提包、钥匙、零钱等散碎物品；侧边设置挂钩，方便吊挂钥匙及生活小物件。

　　（2）活动柜层板。可按需求调节层板高度，易拆装，表面耐磨，便于擦洗清洁。设计可灵活插取的隔板，应考虑女性冬季靴子的放置。

350mm的鞋柜深度
就能正常平放45码以内的鞋

空间太窄就做不了鞋柜了吗？
超薄的翻斗型鞋柜就能解决！
鞋柜深度只要250mm

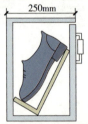

图5-4　玄关

　（3）人性化换鞋空当。在柜体底部预留空当，放置拖鞋。拖鞋在空当里隐藏摆放，保证客厅、餐厅等居室空间不会直接看见鞋子摆放的混乱状态。

如果玄关柜具有如下附加功能，将更富有吸引力：

（1）鞋柜通风孔+紫外线灯。鞋柜内设置通风孔，连接室内新风系统的排风管，将鞋柜内异味及时排除。配合紫外线灯照射，预防足部真菌感染。

（2）挂衣区。可悬挂外出长短外套和领带、丝巾等物，让居家出行状态轻松切换。

客厅的英文是 living room，翻译为"起居室"，这其实更能反映其空间使用的本质：不仅是满足会客功能，还具备以下更多的使用场景：

（1）影院模式：沙发+茶几+电视。

（2）工作学习模式：书柜+书桌+椅子+电视。

（3）儿童活动区：收纳柜+沙发+地毯+电视。

当然，用传统的竖厅很难实现上述多场景使用。但随着目前横厅、L形厅、方厅、端厅的逐步普及，多场景的客厅必然成为主流趋势，如图5-5所示。

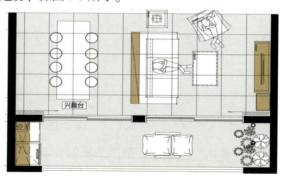

图 5-5　客厅

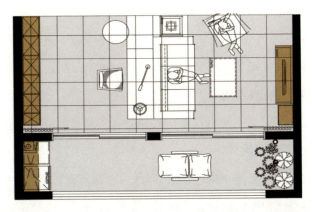

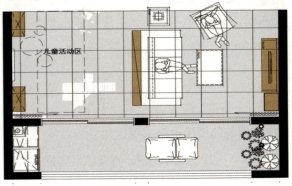

图 5-5 客厅（续）

客厅的整体效果是精装设计的重点。其吊顶的主流做法通常有以下三种：

（1）夹层边吊顶+漫反射灯带。这种吊顶的优势在于对层高要求不高，漫反射灯带柔和而大气，能很好隐藏空调出风口。增加金属线框后，可以提升整个顶棚的精致度，如图5-6所示。

图 5-6 夹层边吊顶+漫反射灯带

（2）双眼皮边吊顶。这种吊顶方式设计简洁，成本最低，不积灰，增加线型灯带后更显时尚，如图 5-7 所示。

图 5-7 双眼皮边吊顶

（3）大面积平面吊顶。这种方式通常用于层高较大的客厅，顶棚高度至少 10cm。在顶棚上方，通常使用隔声材料减少上层的声音干扰；顶棚中部可设置磁吸灯，灯光使用较为灵活；边缘可设置漫反射灯带，整体显得简洁而大气，如图 5-8 所示。

图 5-8　大面积平面吊顶

客厅电视墙有以下三种主流装修方式：

（1）客厅无电视墙。墙面缺乏质感，无重点，交房时显得较为简陋，常用于刚需精装房。毛坯房装修时若采用这种方式，可以简单地使用彩色乳胶漆装饰墙面，如图 5-9 所示。

图 5-9　客厅无电视墙

（2）深色木质面。电视墙显得简洁、典雅、大气，常用于改善型楼盘，如图5-10所示。

图 5-10　深色木质面

（3）岩板装饰。整面墙装饰岩板或凸出悬空，这是高端楼盘常用的装修方式，更显端庄、华丽。岩板花纹通常偏于简洁，如果花纹设计不当，会显得繁复而沉重，如图5-11所示。

图 5-11　岩板装饰

现代风格背景墙花纹繁复

背景墙花纹简洁

图 5-11　岩板装饰（续）

家里收纳柜应该多做，但不能乱做。很多人把收纳柜制作在客厅电视墙或者主卧电视墙上，这样很可能使家里空间显得更拥挤，如图 5-12 所示。

图 5-12　收纳柜

对于客厅地面，常使用仿石砖或石材，因此客厅地面木地板设计非主流趋势。近年来，无论现代风格，还是新古典、新中式风格地面花纹都偏于简洁，如图 5-13 所示。

精装房卧室选择有哪些细节需要关注呢？卧室吊顶方式同客厅，主流方式依然是夹层边吊顶（光带）、平面吊顶（隔声+

新古典风格地面拼花过于复杂

图 5-13　客厅地面

光带)、双眼皮边吊顶。其木地板深浅与面积大小有关:小面积卧室宜选用浅色木地板,空间可以显大;大面积卧室选用浅色、深色木地板均可,如图 5-14 所示。

为减少室内交通面积,卧室与客厅之间可能缺少过渡空间,声音干扰成为户型设计的新问题,因此卧室隔声门的配置显得很有必要。买房时尽量选择隔声门配置。隔声门通常有如下做法:

图 5-14　精装房卧室关注细节

（1）填芯隔声门。用玻璃棉丝或岩棉填充在门扇芯内，门扇缝口处用磁性橡胶条密封。

（2）外包隔声门。在普通木门扇外面包裹一层人造革，人造革内填塞岩棉，并将通长的人造革压条用泡钉钉牢，四周缝隙用海绵橡胶条粘牢封严，如图 5-15 所示。

图 5-15　外包隔声门

此外，卧室还需考虑衣柜收纳系统，如图 5-16 所示。衣柜通常不作为交房标准，需要买房人考虑如下功能：

（1）隐藏式穿衣镜。小巧，不占用空间，安装时用不易察觉的小角度，使之能照遍全身。

（2）保险抽屉。上部可放置常用的首饰、重要证件等，外观和普通抽屉一样，可防保姆、小孩等误拿。

（3）拉篮。抽取式金属篮，使用更方便。

（4）旅行箱柜。可容纳 750mm×450mm×300mm 的大号航空旅行箱。

（5）单独的被褥收纳空间。

（6）男女主人衣物收纳分区。

（7）隐藏式熨烫机。

图 5-16　衣柜收纳系统

对于厨房，主流设计为浅色系，烤漆柜面装饰，采用尽量多的柜体收纳。买房时应特别关注橱柜、油烟机、灶具等的品牌。配置规律为高端楼盘通常使用国际一线品牌，改善楼盘使用国内一线品牌，刚需楼盘使用国内知名品牌，如图5-17所示。

图5-17 厨房

当厨房设计L形推拉门时，空间感更佳，还能加强厨房与客餐厅之间的交互感，如图5-18所示。

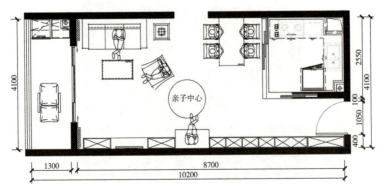

图5-18 厨房设计L形推拉门

卫生间由于空间较小，也是以浅色系设计为主流。需考虑尽量多的收纳柜体、摆件空间以及卫浴品牌。当卫生间较大时，分离式双水盆卫生间是一大亮点。偶尔同时使用，可以提升使用效率。盥洗空间与坐便器分离，可增加空间的卫生程度，如图 5-19 所示。选择浴室柜时，应考虑如下几项基本功能：

　　（1）270°美颜环抱镜柜。台面为人造石材，考虑到台面上的水清理时很麻烦，所以需要前止水、后挡水、滴水线三重防水设计。

图 5-19　卫生间

（2）LED 触碰式镜柜底灯。洗漱区镜柜下方暗装了暖色的 LED 灯带，照亮台面及面盆暗区，使得卫生间整体空间温暖明晰，彰显温馨、高品质感。

（3）阴角 R 形以及挡水边处理。去除打扫的死角，同时避免了地面水渍的存在，减少主人打扫的负担。

（4）浴室柜悬空设计，方便地面清洁。

5.3 智能家居

智能家居可以提供一个舒适、安全、方便和高效的生活环境。最重要的是以实用为核心，摒弃华而不实、只能充作摆设的功能。以下智能化配置可以提供较为实用的功能：

（1）整体灯光控制系统。系统提供起床模式、离家模式、防盗模式、回家场景、卧室场景、起夜场景 6 种情景模式的联动，打造方便、舒心的生活环境，如图 5-20 所示。

图 5-20　整体灯光控制系统

（2）起夜灯。如果没有配置整体灯光控制系统，至少应该设置夜灯，不开灯即可在夜间进入盥洗间，避免对家人的干扰，如图 5-21 所示。

（3）新风系统。通过不同的配置实现新风、过滤、除湿和加湿等功能，如图 5-22 所示。

图 5-21　起夜灯

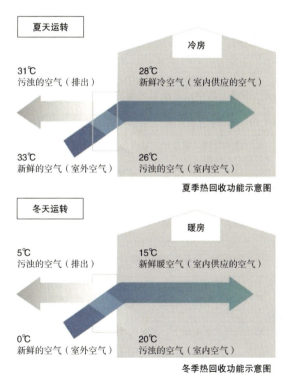

夏天运转

冷房

31℃
污浊的空气（排出）

28℃
新鲜冷空气（室内供应的空气）

33℃
新鲜的空气（室外空气）

26℃
污浊的空气（室内空气）

夏季热回收功能示意图

冬天运转

暖房

5℃
污浊的空气（排出）

15℃
新鲜暖空气（室内供应的空气）

0℃
新鲜的空气（室外空气）

20℃
污浊的空气（室内空气）

冬季热回收功能示意图

图 5-22　新风系统

1）新风功能。室内新风换气次数最低可实现每两小时换气一次。

2）过滤功能。采用初效、高压静电除尘和亚高效模块，过滤效率高达95%。雾霾重的地区可普遍需要。

3）除湿功能。通过新风机内部除湿模块除湿，除湿能力强，保证夏季室内相对湿度低于70%。南方地区可普遍需要。

4）加湿功能。新风机采用加湿模块，冬季根据设定的温度进行自动控制，室内相对湿度高于30%。北方地区可普遍需要。

市场上有集中式新风系统与户式新风系统两种，两者功能区别见表5-1。

表 5-1 市场上集中式新风系统与户式新风系统的功能区别

对比	集中式新风系统	户式新风系统
物业管理	采用统一管理，减少用户在使用过程中的负担	用户需要自行对系统进行维护及更换耗材
技术特征	采用初效+中效+亚高效的3~4级过滤以提高新风品质	由于受机组自身尺寸条件限制，最高采用2级过滤形式
	系统可具备热回收功能	部分户式新风机组具备热回收功能
	可定制夏季除湿冬季加湿功能	只有少部分户式新风机组具备除湿及加湿功能，可选择性较小
	户内无动力设备	户内的生活阳台或景观阳台需要安装新风机组，新风机组采用吊装形式
空间影响	地送风形式影响较大；顶送风走顶棚	由于新风机组机体尺寸较厚，占用层高较多
	新风机组设置在屋顶或地下室新风机房内，视情况需要在核心筒公共区域及户内设置新风管井	设置在户内设备平台上，没有集中的送风管和排风管，新风机和风管均为住户各自所有

（4）智能魔镜。魔镜可以控制室内新风、地暖、空调、安防系统和环境监测等，并且与社区物业相连通，同时也可以在个人手机 App 上完成操控，高效便捷。魔镜面板在显示上更具科技感，放在客厅，大幅提升装修档次，并可加入其他智能增值服务，如图 5-23 所示。

图 5-23　智能魔镜

（5）智能坐便器。最近几年，标杆房企产品在健康方面的重视程度都有所加强。比如智能坐便器，它具备臀部清洁、坐圈保温、暖风烘干、自动除臭、静音落座等功能。国内最先进的智能坐便器还能进行 11 项尿常规检测，相当于一个小型检验科，其健康预警功能对于中老年人非常实用，如图 5-24 所示。

图 5-24　智能坐便器

（6）视频监控报警系统。小区重要公共区域摄像机配置视频分析功能，可以对高空抛物、违规停车、贵重物品移动、人流统计、人员聚集及徘徊等行为进行主动视频分析报警，大大提升社区的安全性，如图5-25所示。

图 5-25　视频监控报警系统

（7）无接触梯控。在小区电梯设置梯控系统，业主以人脸识别、刷卡、感应等方式到达指定楼层，提高了物业安全等级和公共空间卫生的卫生度，如图 5-26 所示。

图 5-26　无接触梯控

5.4 公区精装

买房时除了关注户内精装，更需要关注公区的精装。户内精装如果不满意，还可以自己改造，公区如果存在问题，个人是无法改造的。

在许多城市，车库已经成为归家的主要动线，因此车库大堂的配置需要关注。车库大堂精装应做到照度充足，墙地面铺贴瓷砖，让归家具有尊贵感，如图 5-27 所示。

对于首层大堂，主流设计风格为简洁、明快、时尚、精致。大堂应设置休息区，并配置休息座椅及相应的软装装饰。通常高层建筑大堂面积控制为 $30m^2 \leqslant$ 大厅面积 $\leqslant 50m^2$；

图 5-27　车库大堂

洋房控制在 $15m^2 \leqslant$ 大厅面积 $\leqslant 20m^2$。大堂装饰净高不低于 3m。首层大堂为人流密集场所，因此消火栓、管井门应暗装以保证观感，门上下边对齐墙面砖的自然缝隙，如图 5-28 所示。

图 5-28　首层大堂

对于部分楼型，在单元大门与大堂之间，还存在首层大堂的过渡空间，其精装宜同单元大堂，以确保同样的装修品质，如图 5-29 所示。

图 5-29　首层大堂过渡空间

当一楼设置架空层时，架空层净高宜大于或等于 3m，还需设置休闲活动交流设施，为业主提供更丰富的使用功能，特别是在刮风、下雨、炎热的天气。架空层使用场景通常如图 5-30 所示。

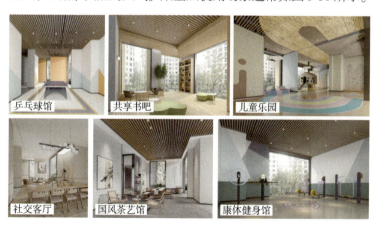

图 5-30　一层架空层

对于标准层电梯厅，宜采用独立采光窗以增加自然采光舒适度。在电梯厅顶部，高端楼盘顶棚有灯带；改善楼盘减少了地面细节或灯带；刚需楼盘无顶棚和地面细节，如图 5-31 所示。

高端   改善   刚需

图 5-31 标准层电梯厅

第6章

外立面与品质

—

—

快速判断楼盘品质的绝招是什么呢？外立面。都说"人靠衣装，佛靠金装"，美观的立面能体现品质感和价值感，是楼盘档次判断最重要的依据之一。户型、精装、景观都很棒，而外立面很差的楼盘不胜枚举；而外立面美观，其他方面做得差的概率相对较低。

看外立面一是看风格和造型；二是看用材。学习本章内容后，有助于你提升对外立面的判断力，如图6-1所示。

图 6-1　外立面

6.1 建筑风格

（1）新亚洲风格。近期的新亚洲风格往往采用褐色与浅色的色彩搭配，采用双层轻盈屋顶，U形或L形标志性的大框围合，层层强化水平线条，更显大气庄重。这样的风格既有传统的东方元素，也具备现代的时尚感，是市场上刚需和改善型楼盘的主流建筑风格，如图6-2所示。

图 6-2　新亚洲风格

（2）新古典风格。常见的新古典风格往往采用土色系，强调经典三段式比例，使人产生庄重挺拔的感觉。最新流行的新古典风格在色系上有所变化，采用了更典雅的冷色系；经典三段式比例不再明显，形体简洁、突出重点，依然强调竖向线条，显示建筑的挺拔感；大面积玻璃面，虚实对比强烈；顶部采用格栅和斜切面；细部辅以金属窗框包边，立体有层次感，突显建筑立面简洁大气和精致的品质感。这种风格是市场上改善型楼盘的主流建筑风格，如图 6-3 所示。

图 6-3　新古典风格

（3）现代风格。近期高端楼盘大都以现代风格为主，只有大量使用诸如石材、铝板、玻璃幕墙、系统门窗等高档外立面配置，才能支撑美观的现代风格外立面。主流的现代风格有以下几种典型设计手法：

1）现代风格：铝板片墙。大面积的超白玻璃幕墙，加上错落堆叠的超薄铝板片墙，构建出充满未来感的几何式建筑，如图 6-4 所示。

图 6-4　现代风格：铝板片墙

2）现代风格：超流体。流线型弧形铝板，加上超大开窗面积和全幕墙设计，让建筑显得前卫新潮，如图 6-5 所示。

图 6-5　现代风格：超流体

3）现代风格：全面屏。建筑整体犹如晶莹剔透的手机全面屏。大面积蓝灰色玻璃窗，呈现出现代设计的干净与简约；古铜色弧形铝板线条，晕染出低调奢华的高级质感，如图6-6所示。

图6-6　现代风格：全面屏

4）现代风格：波浪形线条。大面积蓝灰色玻璃窗，辅以超长连贯的波浪形铝板线条，呈现出律动和延伸的设计感，如图6-7所示。

图6-7　现代风格：波浪形线条

5) 现代风格：L形围合。L形不对称体块穿插，形体关系灵动；立面简洁通透，强调水平线条；顶部、标准段大面积玻璃，虚实对比强烈，如图6-8所示。

图6-8　现代风格：L形围合

6.2 立面材料

除了用建筑风格和造型来判断外立面外，还需要借助外立面材料来辅助判断。常见的外立面材料如下：

（1）立面材料：质感涂料。用各种不同粗细的砂子，通过施工工具表现不同的纹理效果，价格为40~60元/m^2。大量应用于刚需楼盘外立面，如图 6-9 所示。

图 6-9　立面材料：质感涂料

（2）立面材料：真石漆。主要是由天然石粉、高温染色骨料、高温煅烧骨料与乳液等助剂所组成的涂料，效果类似大理石、花岗石等石材。价格为 $60 \sim 100$ 元/m^2。大量应用于改善型楼盘外立面，如图 6-10 所示。

图 6-10　立面材料：真石漆

（3）立面材料：水性多彩涂料。属于高端涂料，模仿石材的效果更胜真石漆。价格为 $80 \sim 120$ 元/m^2。大量应用于改善型楼盘外立面。

其中，水包水多彩涂料是一种水性的环保型高科技涂料，仿真度高，与大理石非常接近，施工简单，一次喷涂即可完成效果。而水包砂多彩涂料表面质感粗糙，有砂子的质感，也可以仿石灰石，如图 6-11 所示。

图 6-11　立面材料：水性多彩涂料

（4）立面材料：湿贴瓷砖。通过粉料干压成型，成分均匀分布，故生产出的瓷砖质地均匀、统一，不存在薄弱的环节。瓷砖本身的强度非常高，远大于石材，还有自重小、荷载小、耐候性强、耐久性强等优点。湿贴价格约为 200 元/m²。通常应用于低楼层的外立面，如图 6-12 所示。

图 6-12　立面材料：湿贴瓷砖

（5）立面材料：干挂石材。可分为花岗石和大理石。不同材质，价格差异很大，价格为 300～1200 元/m²，通常应用于高端楼盘，如图 6-13 所示。

（6）立面材料：铝板。铝板是用铝材或铝合金制成的板型材料。加强筋与板面后的电焊螺钉连接，成为一个牢固的整体。铝板具有可塑性强、自重轻、不易污染等优点。价格为 600～1200 元/m²。通常应用于高端楼盘，如图 6-14 所示。

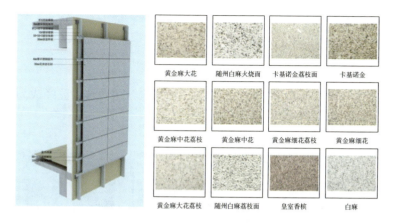

黄金麻大花　　随州白麻火烧面　　卡基诺金荔枝面　　卡基诺金

黄金麻中花荔枝　　黄金麻中花　　黄金麻细花荔枝　　黄金麻细花

黄金麻大花荔枝　　随州白麻荔枝面　　皇室香槟　　白麻

图 6-13　立面材料：干挂石材

图 6-14　立面材料：铝板

　　此外，对于窗外具备优质景观的楼盘，买房时需要特别注意卧室窗与栏板的细节，具体如下：

　　（1）开窗方式是否足够宽阔，是否采用落地窗。较小的窗洞会直接影响到观景视野。如果窗洞过窄，建议放弃。

　　（2）型材分格尽量少，尤其是中部玻璃的分格应尽量避免。如果型材分格过多，视线遮挡严重，建议放弃。

（3）护窗选型，尽量选用玻璃栏板型，而不是栏杆型。栏杆型护窗仅适用于刚需楼盘。

（4）窗的档次和性能排序为系统门窗>铝合金窗>塑钢窗。系统门窗由于隔声、隔热、密封、通风等效果更佳，已经成为高端楼盘标配，如图 6-15 所示。

图 6-15　窗

6.3 单元门头

门头是业主频繁进出的部位，其品质需要重点关注。门头风格通常与建筑的立面统一，往往通过其造型和材质自身的特有属性来表达特殊的效果，营造强烈的仪式感与尊贵感。具体风格如下：

（1）门头：新亚洲风格。轻盈舒展的标志性顶部，辅以典雅格栅和超白玻璃墙，体现出既传统又现代的东方韵味，如图 6-16 所示。

图 6-16　新亚洲风格单元门头

（2）门头：新古典风格。浅色石材装饰简洁的几何体，以典雅格栅和金属线条点缀，如图 6-17 所示。

图 6-17　新古典风格单元门头

（3）门头：现代风格。大面积超白玻璃幕墙和弧形铝板包裹，充满未来感和高级感，如图6-18所示。

图6-18　现代风格单元门头

6.4 第五立面

第五立面（屋顶平面）的设计是楼盘品质的极致体现。在高低配、屋面改造时，开发商需要重点考虑设计屋顶构架、坡屋面、平屋顶绿化及屋顶花园来提升屋顶美观度。如果楼盘没有考虑第五立面因素，你很可能会在家里看到其他楼栋的屋顶，如图 6-19 所示。

图 6-19　第五立面

第7章

小区景观与体验

—

—

买新房现房或二手房时，小区景观可以完全呈现。即便对于期房，部分景观在买房时也可以看到。我们不仅需要判断景观的效果，还需要关注其功能是否齐备实用。景观设计风格通常需要和建筑保持一致。

7.1 景观风格

（1）现代风格。色彩以基础的黑白灰色为主，局部撞色；突出规则几何形状或艺术弧形流线；景观构架更加简洁；整体更强调硬景设计，如图 7-1 所示。

图 7-1　现代风格景观

（2）新亚洲风格。色彩整体偏于凝重；强调轴线对称；符号化铺装和灯具；体现传统山水造型；大屋顶构架辅以典雅格栅；用乔木和黑松这类的软景来突出其文化品位和宜居性，如图 7-2 所示。

图 7-2　新亚洲风格景观

（3）新古典风格。市场上属于非主流；强调对称性的仪式感；法式构架和雕塑；用石材突出品质感，如图 7-3 所示。

图 7-3　新古典风格景观

7.2 小区主入口

小区主入口需要具有仪式感的迎宾造型和空间，用于业主进出、访客接待、快递接收等。

（1）**小区主入口：新亚洲风格**。突出轻盈舒展的平屋顶，并用小立柱来加强屋顶悬浮感，辅以大面积典雅格栅装饰，体现出酒店般的豪华感，如图 7-4 所示。

图 7-4　新亚洲风格小区主入口

（2）**小区主入口：现代风格**。斜切的超大尺度门框，局部应用金属线条和线型灯带细节装饰，强化了引入式的归家体验感，如图 7-5 所示。

图 7-5　现代风格小区主入口

7.3 中庭景观

环绕中心景观，充分利用资源，形成大花园、大栋距的规划布局，使业主充分获得日照和采光，景观视野也会更好。买房时，往往中庭景观尚未呈现，可以借助小区规划图、售楼部沙盘来判断，如图7-6所示。

阳光草坪、景观活动广场不仅具有观赏性，也为业主提供了更宽阔的活动空间，如图7-7所示。

图 7-6　中庭景观

[中心景观]——阳光草坪
多功能草坪空间；多种配套功能体验

天际线　主题雕塑　景观会客厅（内设组合家私）

阳光草坪

材质控制	草皮混播；主题雕塑以为不锈钢、石材质质；园林铺地以石材结合木质面材；主题雕塑、景墙应以为仿真石面材；
尺寸控制	景观会客厅下方空间80%。草坪空间高0.45m；道路：宽度重设2~4m；高3m左右；景墙：宜高0.4~1.2m，结合座椅。
软景配置	形式：层次丰明林地型草坪结合分组团图层次种植手法：乔木际线、下方为建木层以乔木种植合植地形，林地半围合草坪空间，中下层以绿叶搭配。特大乔木高度10~11.2m，植物林地大际线和丰富观赏焦点，二乔树高度8~9m，下方为建木层次种植分明。配置：落叶与常绿乔木：结合，常绿和落叶比3：1，特大乔种度标地点占草坪面积20%~30%
硬景配置	配置园林铺地；配置观赏敷灯；室外WIFI；背景音乐、小品雕塑座，分类垃圾和成品桌椅。

景观会客厅（内设组合家私）　阳光草坪　晨种植箱　景观条凳　晨曦活动小弄

【中心景观】——景观活动广场

打造参与度与活动度高的住宅活动广场；满足多种使用功能

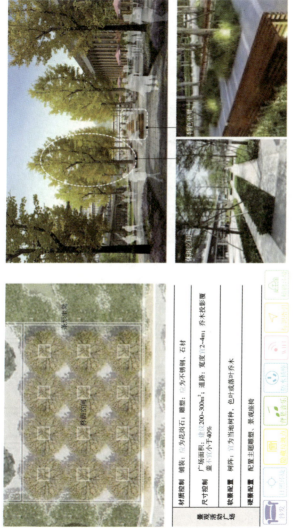

图7-7 阳光草坪、景观活动广场

景观活动广场	材质控制	铺装：均为花岗石；雕塑：均为不锈钢、石材
	尺寸控制	广场面积：建议200~300m²；道路：宽度宜2~4m；乔木投影覆盖不宜小于40%
	软景配置	树阵：宜为当地树种，色叶或落叶乔木
	硬景配置	配置主题雕塑、景观座椅

景观会客厅作为社区景观的交融中心，配备草坪、廊架等设施，不仅美观优雅，更为社区活动提供多种可能性，比如社区客厅、共享厨房、共享书吧、棋牌休闲等。当小区没有架空层，或者架空层面积较小时，景观会客厅的功能性会更加突显，如图7-8所示。

图7-8　景观会客厅

7.4 单元入口

消防登高面离单元入口近，为典型的业主敏感区域。如果设计不当，会导致该区域缺乏美感且枯燥无味。以下三种景观处理方式都具有较好的体验感：

（1）单元入口：结合移动花箱和桌椅。平时摆放花箱和桌椅，消防车来的时候可以把带轨道或滑轮的花箱推走，给消防车提供使用空间，如图7-9所示。

景观化登高操作场地	材质控制	地面砖材结合花岗石收边
	尺寸控制	应按当地消防规范要求布置消防登高面及回车场; 建筑普通消防车回车场边长i: 12000mm×12000mm 高层建筑普通消防车回车场边长j: 15000mm×15000mm 大型消防车回车场边长k: 18000mm×18000mm 铺装石材厚b:50mm
	软景配置	应不影响消防登高作业,消防道路沿线宜乔木种植,形成林荫通道;个别部位宜多层次绿化搭配
	硬景配置	应配置移动花箱、组合家私

图7-9　结合移动花箱和桌椅的单元入口

（2）单元入口：结合活动场地。把这个区域做成儿童玩耍的趣味场地，如图7-10所示。

图7-10　结合活动场地的单元入口

（3）单元入口：结合跑道设计。让场地色彩不再单调，并具有健身的功能性，如图7-11所示。

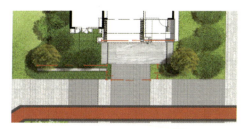

图7-11　结合跑道设计的单元入口

7.5 全龄活动区

为儿童、青年、老年活动提供场地以及丰富的游玩设施。包含不同年龄段的儿童综合活动区 70% 配比，青年及老年活动区 30% 配比。这个区域需要充足日照、视野开阔、独立空间，配备多种活动设施。家里有小孩的，买房时需要考虑这个配置，如图 7-12 所示。

图 7-12　全龄活动区

7.6 健身跑道

一天内不同时段，使用性质不同，可供青壮年慢跑，也可供老年人散步或健步的环道路面。健身达人买房时一定要考虑这个因素，如图 7-13 所示。

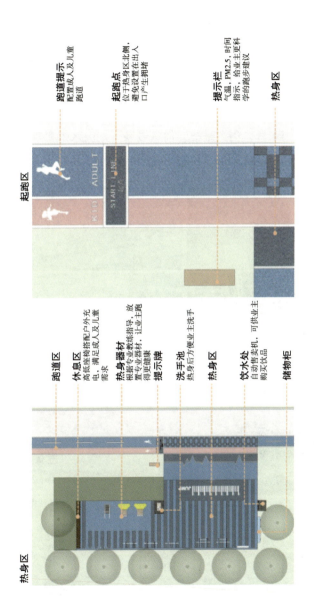

起跑区

跑道提示 配置成人及儿童跑道

起跑点 位于热身区北侧,避免设置在出入口产生拥堵

提示栏 气温、PM2.5、时间指示,给业主更科学的跑步建议

热身区

热身区

跑道区

休息区 高低座椅搭配户外充电,满足成人及儿童需求

热身器材 根据专业数练指导,放置专业器材,让业主跑得更健康

提示牌

洗手池 热身后方便业主洗手

热身区

饮水处 自动售卖机,可供业主购买饮品

储物柜

图7-13 健身跑道

7.7 景观小品

趣味性的水景、创意雕塑、创意景墙、枯山水等景观小品，可以为楼盘景观增色不少，如图7-14～图7-17所示。

图7-14　水景

图7-15　创意雕塑

图 7-16　水帘

图 7-17　玻璃砖景墙的光影创新

第8章

车库与品质

如何从车库细节快速判断房子的品质？如今车库已经成为业主归家动线中最重要的环节之一，把车库作为示范区进行展示的楼盘越来越多，正所谓"一叶知秋""管中窥豹"，买房时车库应该关注哪些方面呢？

8.1 车库入口

车库入口需要注意雨篷、墙面、灯光等细节，具体如下：

（1）钢结构雨篷轻盈通透，不仅可以增加美观度，还具有遮雨、降低噪声、防灯光干扰等作用。

（2）顶棚处理，带艺术感的星空顶灯光或线型灯带，不仅增加了归家尊贵感，还能提高开车的安全度。

（3）墙面设计真石漆或仿石砖，耐脏耐久。

车库入口如图 8-1 所示。

图 8-1　车库入口

图 8-1　车库入口（续）

8.2　停车空间

此处需看车库顶部的设备管线排布是否整齐，是否做了深色喷涂，深色喷涂不仅可以防霉，还可以保持结构面与管线的统一性。许多高端楼盘车库顶部还增加了金属网或格栅的吊顶，对结构和设备形成有效遮挡，品质感更强。

看墙面是否做了彩色涂料，彩色涂料不仅让车库空间更生动，还增加了车库各区域的辨识度。

看地坪是否采用了金刚砂或地坪漆，地坪材料越好，观感和耐脏性就越好。

有的车库还设置了采光天井或下沉庭院，这样可以增加通风采光，减少车库的压抑感，提升业主使用的舒适度。

停车空间如图 8-2 所示。

图 8-2　停车空间

8.3　落客区

看车库落客区，也就是进入单元入口前的那个区域是否做了"光厅"装饰。这种采用星空顶或灯带格栅的光厅，加上墙面和地面的装饰，最早应用在商场和酒店，目前在中高端楼盘车库也广泛应用，美观富有昭示性，大大提升业主归家仪式感，如图 8-3 所示。

图 8-3 落客区

8.4 车位

哪些情况下我们不能买车位呢？

(1) 看车位比。车位比太高就不要买。如果车位比很低，比如低于 1.0，说明小区每户人家的车位供应不足 1 个，有些车就会被迫停到小区外面，这个小区的车位就会比较紧俏，这种就可以考虑买，不然后期生活会很不方便。

(2) 看楼盘档次。如果是刚需楼盘，大部分车位在 10 万元以内，车位比车都贵，很多人就不愿意买车位。其宁愿把车停在小区外面也不愿意停在里面。而且刚需楼盘车位一般租比买更划算。

卧室　　客厅　　主卧

主干道

第 9 章

产品缺陷的规避

—

—

买房前应仔细观察示范区细节是否存在产品缺陷，收房前发现缺陷应及时投诉。公区精装、景观、车库对买房和居住体验可能会有较大影响，所以发现缺陷也应投诉。产品缺陷可以分为以下两类：

（1）严重缺陷。影响正常使用和流通性，不应购买

（2）一般缺陷。可忍受或可通过装修、整改、赔偿来弥补缺陷；也可以据此判断楼盘品质。建议选择性购买。

9.1 景观缺陷

（1）井盖。井盖明显外露，或者隐藏不到位，都会影响观感。这是一般缺陷，如图9-1所示。

图9-1　井盖方面的缺陷

（2）跑道。沥青跑道颜色泛白且不均匀，让人感觉很劣质。这是一般缺陷，如图9-2所示。

图9-2　跑道方面的缺陷

（3）风井。首层私家花园或单元入口处有车库风井，影响使用或视觉体验。这是一般缺陷，如图9-3所示。

图9-3　风井方面的缺陷

（4）楼梯间。地下室楼梯出地面后，体量过大，距离住户外窗过近，影响住户及景观。尤其是一楼和二楼住户，几乎无法正常居住。这是严重缺陷，如图9-4所示。

图9-4　楼梯间方面的缺陷

（5）室外停车位。小区室外停车位紧邻首层住宅的客厅、主卧等房间布置，距离过近，形成视线及噪声干扰，几乎不能正常居住。这是严重缺陷，如图9-5所示。

图9-5　室外停车位方面的缺陷

9.2　公区精装缺陷

（1）顶部消防管。入户大堂门外顶部红色消防管外露，安装灯条显得低档，观感较差。这是一般缺陷，如图9-6所示。

图 9-6　顶部消防管方面的缺陷

（2）住宅单元门。单元入口门宽建筑预留 1.4m，精装完成后宽 1.2m，显得过窄，推个婴儿车出门都很挤。这是一般缺陷，如图 9-7 所示。

图 9-7　住宅单元门方面的缺陷

（3）公区消防管道。公区顶部的消防管道过低，观感较差。这是一般缺陷，如图9-8所示。

图9-8　消防管道方面的缺陷

（4）消火栓位置。公区标准层电梯厅对景墙消火栓箱及其管道外露，观感较差。这是一般缺陷，如图9-9所示。

图9-9　消火栓位置方面的缺陷

（5）消火栓工艺。公区标准层明装消火栓时应选择门扇自带边框的款式，便于墙面收口，否则会影响观感。这是一般缺陷，如图9-10所示。

图 9-10　消火栓工艺方面的缺陷

9.3 室内缺陷

　　室内的设计缺陷和工程质量缺陷层出不穷，防不胜防。因此，收新房拿钥匙时，千万不要傻乎乎地签字交钱，一定要先验房后签字。具体缺陷如下：

　　（1）墙面空鼓。空鼓是房屋工程质量第一大杀手。要用空鼓锤敲击，有空鼓的位置声音不同，过几年会有墙面起皮开裂的风险。如果是局部空鼓，等墙面装修的时候，让工人顺便就修补了。但如果有大面积空鼓必须找开发商整改解决，如图 9-11 所示。

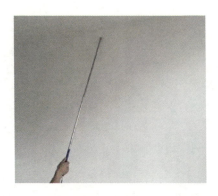

图 9-11　墙面空鼓

（2）漏水。检查墙面和天花板是否漏水，用手电筒照每处墙角。这是一般缺陷，如图 9-12 所示。

（3）密封。检查窗户的密封性，否则雷雨天可能漏成"水帘洞"。放一张 A4 纸，若抽不出说明密封性好。这属于一般缺陷，如图 9-13 所示。

图 9-12　漏水

图 9-13　密封方面的缺陷

（4）下水。检查下水，看是否通畅。这属于一般缺陷，如图 9-14 所示。

图 9-14　下水方面的缺陷

（5）破损。检查入户门、门窗型材、玻璃、把手、合页是否有破损。这属于一般缺陷。

（6）顶部管道。洋房地下功能房间顶板下方布置了排水横管，导致净高只有 2.4m，影响客户观感及使用，后期存在装修不便、噪声干扰及管道维修困难等隐患。这是严重缺陷，如图 9-15 所示。

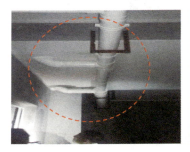

图 9-15　顶部管道方面的缺陷

（7）户内强弱电箱。户内强弱电箱安装在改造后的卧室房间。正确的安装位置应该在玄关处。这是一般缺陷，如图9-16所示。

（8）阳台栏杆。阳台栏杆设计过高，影响景观中庭的视野。这是一般缺陷，如图9-17所示。

图9-16　户内强弱电箱方面的缺陷　　图9-17　阳台栏杆方面的缺陷

（9）阳台。洋房顶层露台或阳台户与户间距过近，未考虑防盗措施。这是一般缺陷，如图9-18所示。

（10）台盆。台盆过小、洗漱台比例尺度不协调，影响正常使用。这是一般缺陷，如图9-19所示。

图9-18　阳台方面的缺陷

图 9-19　台盆方面的缺陷

（11）瓷砖。瓷砖墙面应避免裂缝、填缝不均匀、大面积空鼓等工程质量问题。这是一般缺陷，如图 9-20 所示。

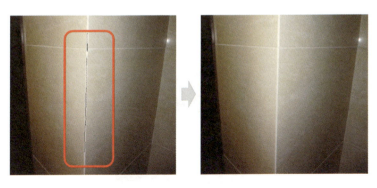

图 9-20　瓷砖方面的缺陷

9.4 外立面缺陷

（1）建筑横向线条。建筑横向线条（梁）影响室内视线或采光。这是严重缺陷，如图9-21所示。

图9-21 建筑横向线条方面的缺陷

（2）窗与雨水管冲突。悬窗开启与外立面排水管有冲突，悬窗无法正常开启。这是严重缺陷，如图9-22所示。

图9-22 窗与雨水管冲突

（3）门头或线脚。门头或线脚偏大，相邻两户存在互通问题。这是一般缺陷，如图 9-23 所示。

图 9-23　门头或线脚方面的缺陷

9.5　车库缺陷

（1）地库排水浅沟与车位冲突，造成实际车位尺寸不足，且对车身悬架有不利影响。这是一般缺陷，如图 9-24 所示。

（2）车位设计不合理，车门被承重墙阻挡，造成停

图 9-24　地库排水浅沟与车位冲突

车后车门开启困难，上下车容易使人沾一身灰。这是严重缺陷，如图9-25所示。

图9-25　车位设计不合理

（3）车位停车后，车位距墙体间距过小，阻挡了地下室通往车库的大门，业主无法正常进出。这是一般缺陷，如图9-26所示。

（4）地下车库消火栓箱位置设置不合理，影响相邻车位开车进出。这是一般缺陷，如图9-27所示。

图9-26　车位距墙体间距过小

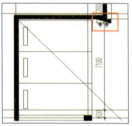

图9-27　地下车库消火栓箱
位置设置不合理

（5）排水沟布置在停车位上，影响客户停车体验，并易造成盖板损坏。这是一般缺陷，如图9-28所示。

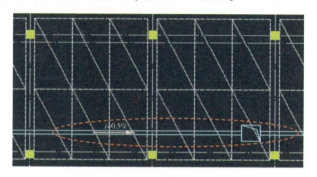

图9-28　排水沟布置在停车位上

（6）车库电梯厅入口处为归家动线，此处顶部管线较为密集，观感较差。这是一般缺陷，如图9-29所示。

图9-29　车库电梯厅入口处顶部管线密集

第10章

专业术语

在买房过程中，不可避免地会遇到一些房地产专业术语，以下为常见专业术语及其解释。

10.1 业态

住宅：供家庭居住使用的建筑。

多层住宅：建筑高度不大于27m的住宅建筑。

高层住宅：建筑高度大于27m的住宅建筑。在城市中心区，高层住宅有它的优势，比如单位建筑面积土地成本低；视野开阔；灰尘污染少。但高层住宅也有明显的缺点，比如建筑造价较高；电梯、楼道、机房等公用部位占用面积大，得房率低；如果电梯质量不可靠，物业管理不正常，容易产生安全隐患，后期维护成本高。同时，过多的高层住宅，给城市消防、城市交通、市政设施、应急疏散、配套设施等都带来了巨大的压力和挑战。《中共中央国务院关于进一步加强城市规划建设管理工作的若干意见》针对营造城市宜居环境提出了"进一步提高城市人均公园绿地面积和城市建成区绿地率，改变城市建设中过分追求高强度开发、高密度建设、大面积硬化的状况，让城市更自然、更生态、更有特色"的要求。不鼓励高强度开发居住用地及大面积建设高层住宅建筑，并对容积率、住宅建筑控制高度提出了较为适宜的控制范围。在相同的容积率控制条件下，国家规范对住宅建筑控制高度最大值进行控制，既能避免住宅建筑群比例失态的"高低配"现象的出现，又能为合理设置高低错落的住宅建筑群留出空间。

超高层住宅：建筑高度大于100m的住宅建筑。超高层住宅楼面地价最低，但建筑安装成本高。它给人以气派、雄伟的感觉，可以满足购房者对视野、景观的要求。超高层住宅一般建在城市黄金地段（最大限度地利用土地资源）或景观良好的城区（最充分地发挥景观资源的作用）。

别墅：一般是指带有私家花园的低层独立式住宅。

单元式住宅：也称为板式住宅，由几个住宅单元组合而成，每个单元均设有楼梯或楼梯与电梯的住宅。

塔式住宅：以共用楼梯或共用楼梯、电梯为核心布置多套住房，且其主要朝向建筑长度与次要朝向建筑长度之比小于2的住宅。

跃层住宅：是指套内空间跨越两个楼层且设有套内楼梯的套型。跃层住宅并非住宅的设计趋势，需谨慎购买。

住宅底商：即住宅底层商铺，是指位于住宅等建筑物底层及2~3层的商用铺位。住宅底商主要用于与人们生活密切相关的生活用品销售和生活服务设施。其中，零售型住宅底商的商业形态为便利店、中小型超市、药店等，服务型住宅底商的商业形态主要为餐厅、美容美发店、银行、干洗店、房屋中介公司等。

10.2 规划

居住区用地：城市居住区的住宅用地、配套设施用地、公共绿地以及城市道路用地的总称。

公共绿地：为居住区配套建设、可供居民游憩或开展体育活动的公园绿地。

建筑密度：在一定范围内，建筑物的基底面积占用地面积的百分比。建筑密度约低，绿化空间就越大，楼盘品质通常越好。

容积率：在一定范围内，建筑面积总和与用地面积的比值。容积率越低，居住户数就越少，楼盘品质通常更好。

绿地率：在一定范围内，各类绿地总面积占该用地总面积的百分比。

开间：建筑物纵向两个相邻的墙或柱中心线之间的距离。开间越大，采光越好。

进深：建筑物横向两个相邻的墙或柱中心线之间的距离。进深越大，采光越差。

建筑高度：建筑物室外地面到建筑物屋面、檐口或女儿墙的高度。

配套设施：对应居住区分级配套规划建设，并与居住人口规模或住宅建筑面积规模相匹配的生活服务设施，主要包括基层公共管理与公共服务设施、商业服务业设施、市政公用设施、交通场站及社区服务设施、便民服务设施。配套设施是由多系统组成的，按住宅规模可进行如下分类：

（1）住宅基本生活单元的配套设施人口规模为3000人左右的住宅群，其配套设施应有居民服务站、小商店、文化室等。

（2）住宅小区的配套设施人口规模在1万人左右的住宅群，其配套设施包括托儿所、幼儿园、小学、中学、副食品店、菜店、饮食店、理发店、综合商店、居委会、变电所、公共厕所、垃圾站等。

（3）居住区的配套设施人口规模在4万~5万人，其配套设施包括医院、门诊部、银行、电影院、科技文化馆、运动场，以及与生活有关的商店、街道办事处、派出所、商业管理机构等。

10.3 面积

建筑面积：建筑物（包括墙体）所形成的楼地面面积。建筑物的建筑面积应按自然层外墙结构外围水平面积之和计算。结构层高在2.20m及以上的，应计算全面积；结构层高在2.20m以下的，应计算1/2面积。在主体结构内的阳台，应按其结构外围水平面积计算全面积；在主体结构外的阳台，应按其结构底板水平投影面积计算 1/2 面积。

下列情况不应计算建筑面积：

（1）露台、露天游泳池、花架、屋顶的水箱及装饰性结构构件。露台应满足四个条件：一是位置，设置在屋面、地面或雨篷顶；二是可出入；三是有围护设施；四是无盖。这四个条件须同时满足。如果设置在首层并有围护设施的平台，且其上层为同体量阳台，则该平台应视为阳台，按阳台的规则计算建筑面积。

（2）主体结构外的空调室外机搁板（箱）、构件、配件，挑出宽度在 2.10m 以下的无柱雨篷和顶盖高度达到或超过两个楼层的无柱雨篷。

（3）窗台与室内地面高差在 0.45m 以下且结构净高在 2.10m 以下的凸（飘）窗，窗台与室内地面高差在 0.45m 及以上的凸（飘）窗。

公摊面积：幢内的电梯井、管道井、楼梯间、室外楼梯、设备房、公共门厅、门廊、通道等面积。

每套建筑面积=套内面积+公摊面积。得房率=套内面积÷建筑面积（洋房通常为 85%，小高层为 80%，高层为 78%）。无论是按建筑面积还是按套内面积销售，房屋的总价都是不会变化的。目前全国绝大多数城市都是按建筑面积进行销售的，这容易导致一些买房的误会。比如买房前被告知得房率为 80%，交房的时候却发现只有 75%，套内的面积减少了，而总价却没有发生变化，这就会导致买房人与开发商之间产生矛盾。重庆市主城早在 2002 年就开始按套内面积进行销售，这样可以避免这些不必要的纠纷，让买房人更放心。

房屋预测面积：在商品房期房（有预售销售证的合法销售项目）销售中，根据国家规定，由房地产主管机构认定具有测绘资质的房屋测量机构，主要依据施工图、实地考察和国家测量规范对尚未施工的房屋进行预先测量计算的面积。它是房地产开发企业进行合法销售的面积依据。

房屋实测面积：商品房竣工验收后，工程规划相关主管部门审核合格，房地产开发企业依据国家规定委托具有测绘资质的房屋测绘机构参考图样、预测数据及国家测绘规范的规定对楼宇进行的实地勘测、绘图、计算而得出的面积，是房地产开发企业和业主进行房产交易的法律依据，是业主办理产权证、结算物业费及相关费用的最终依据。有些商品房的竣工面积与预售面积不一致，原因可概括为以下几点：

（1）建筑物的某些部分设计改变。

（2）施工过程中，建筑物的某些部分未按原设计施工。

（3）施工错误或施工误差过大。

（4）竣工后的商品房部分公用面积功能改变或服务范围改变。

（5）正常的施工误差和测量误差。

10.4 建筑

建筑防火设计：在建筑设计中采取防火措施，以防止火灾发生和蔓延，减少火灾对生命财产的危害的专项设计。

人防设计：在建筑设计中对具有预定战时防空功能的地下建筑空间采取防护措施，并兼顾平时使用的专项设计。

建筑节能设计：为降低建筑物围护结构、采暖、通风、空调和照明等的能耗，在保证室内环境质量的前提下，采取节能措施，提高能源利用率的专项设计。

无障碍设计：为保障行动不便者在生活及工作上的方便、安全，对建筑室内外的设施等进行的专项设计。

日照设计：根据建筑物所处的气候区、城市规模和建筑物的使用性质确定的，在规定的日照标准日（冬至日或大寒日）的有效日照时间范围内，以有日照要求楼层的窗台面为计算起点的建筑外窗获得的日照时间。

户型流线：人们活动的路线，一般居室中的流线可划分为家人流线和访客流线，这两条线不能交叉。家人流线主要存在于卧室、卫生间、书房等私密性较强的空间。访客流线是由入口进入客厅区域的行动路线。访客流线不应与家人流线交叉，以免在客人拜访的时候影响家人休息或工作。

层高：上下两层楼面或楼面与地面之间的垂直距离。

飘窗：为房屋采光和美化造型而设置的窗台高度达到或超过 0.45m 的凸出外墙的窗。

落地窗：窗框与地板直接相连的窗或凸出外墙但窗台高度小于 0.45m 的窗，前者为平台式落地窗，后者为反凸式落地窗。

封闭阳台：原设计及竣工后均为封闭的阳台。封闭式阳台多将阳台栏杆扶手以下用砖或其他材料围护，栏杆扶手以上用玻璃窗围护起来，使阳台起到既能接受阳光又能遮挡风雨的作用，但仍是独户专用。

非封闭阳台：原设计或竣工后不封闭的阳台。

吊顶：悬吊在房屋屋顶或楼板结构下的顶棚。

承重墙：直接承受外加荷载和自重的墙体。

非承重墙：一般情况下仅承受自重的墙体。

幕墙：由金属构架与板材组成的，不承担主体结构荷载与作用的建筑外围护结构。

地下室：室内地平面低于室外地平面的高度超过室内净高的 1/2 的房间。

半地下室：室内地平面低于室外地平面的高度超过室内净高的 1/3，且不超过 1/2 的房间。

架空层：仅有结构支撑而无外围护结构的开敞空间层。

安全出口：供人员安全疏散用的楼梯间和室外楼梯的出入口或直通室内外安全区域的出口。

防火隔墙：建筑内防止火灾蔓延至相邻区域且耐火极限不低于规定要求的不燃性墙体。

封闭楼梯间：在楼梯间入口处设置门，以防止火灾的烟和热气进入的楼梯间。

防烟楼梯间：在楼梯间入口处设置防烟的前室、开敞式阳台或凹廊（统称前室）等设施，且通向前室和楼梯间的门均为防火门，以防止火灾的烟和热气进入的楼梯间。

避难层：建筑高度超过 100m 的超高层建筑中，为消防安全专门设置的供人们疏散避难的楼层。

电梯厅（候梯厅）：供人们等候电梯的空间。

门厅：位于建筑物入口处，用于人员集散并联系建筑室内外的枢纽空间。

走廊：建筑物中的水平交通空间。

管道井：建筑物中用于布置竖向设备管线的井道。

设备层：建筑物中专为设置暖通、空调、给水排水和电气等的设备和管道且供人员进入操作的空间层。

天井：被建筑围合的露天空间，主要用以解决建筑物的采光和通风。

通风道：建筑物内用于组织进通风的管道。

10.5 市场

存量房：是指已被购买或自建并取得所有权证书的房屋。

增量房：是指房屋开发一级市场所开发出的新房，是相对于存量房而言的房屋，包括商品房和经济适用房的预售房和现房。

现房：房地产开发企业已办妥房地产权证的商品房，购房者在这一阶段购买商品房时应签订出售合同。

准现房：房屋主体已基本封顶完工但未竣工验收的房屋，小区内的楼宇及设施的大致轮廓已初现，户型、楼间距等重要因素已经一目了然，工程正处在内外墙装修和进行配套施工阶段的房屋。

期房：房地产开发企业从取得商品房预售许可证开始至取得房地产权证为止的商品房。购房者在这一阶段购买商品房时应签订预售合同。这是当前房地产开发企业普遍采用的一种房屋销售方式。购买期房也就是购房者购买尚处于建造之中的房地产项目。期房价格虽然比现房更低，但可能存在一定的交房风险。

等额本息还款法：又称为等额还款法，是指按月等额归还贷款本息。采用此还款方式，在整个还款期的每个月，还款额将保持不变（遇调整利率除外），在还款初期，利息占每月还款总额的大部分。随着时间的推移，还款额中利息的比重将不断减少，而随着本金的逐渐摊还，还款额中本金比重将不断增加。此种还款方式的优点在于前期还款压力较小。

等额本金还款法：又称为递减还款法，是指按月平均归还借款本金，借款利息逐月结算还清。等额本金还款法的特点是本金在整个还款期内平均分摊，利息则按贷款本金余额逐日计算，每月还款额在逐渐减少，但偿还本金的速度是保持不变的，较适合于还款初期还款能力较强并希望在还款初期归还较大款项来减少利息支出的借款人。

广义货币 M2：根据货币的变现程度，通常将货币供应分为 M0、M1 和 M2。M0 是流通中的现金，变现能力最强，可以直接拿来消费；M1 是 "M0+企业活期存款"，是随时可以取出来的钱，流动性较差；M2 是 "M1+定期存款"，不能随时取出，流动性最差。M2 是经济的先行指标，领先宏观经济一两个季度。M2 作为广义货币也可以用来衡量货币超发的程度。过去 20 年，M2 上涨了 14.8 倍，但名义 GDP 仅上涨了 4.1 倍，超发的货币流入楼市，促进了房价上涨。

后　记

虽然我的买房哲学是"长期主义，价值投资"，但这个长期不是永久，而是也有个限度，一旦超过这个限度，房屋价值很可能就会降低。为什么呢？因为城市板块可能发生轮动，有的板块在升级，有的板块在老化。过去的一些优质板块，例如许多城市的市中心或者成熟的板块，虽然地理位置绝佳，但周边环境变差，交通变得拥堵，学区不再优质，产品逐渐老化，这些因素综合起来就会导致楼盘不保值，更别提增值了。解决的办法是用发展的眼光看问题，定期置换房产。

未来还有没有房产牛市？10年后谁还会买房？对此，许多房地产从业人士和许多所谓专家都是不清醒的，甚至放出所谓"黑铁时代"的言论。然而我认为10年后房地产依然有前途。如今中国城镇化率已经达到了64%，全国房价的普涨已经是过去式，但南方城市与北方城市的房地产分化将愈演愈烈，一二线城市与三四线城市的房地产分化将愈演愈烈，一二线城市好地段好产品与差地段差产品之间的分化也将愈演愈烈。

为什么10年后房地产依然有前途呢？经济学家们讲的人口流入流出数据、广义货币超发理论、土地财政理论、政策刺激理论，你可能觉得太学术、太宏观、太量化不好理解，但如果我从个人发展的微观角度，定性地分析这个问题，相信你一定能理解。

　　普通人在 22 岁毕业之前都还在上学，手里没钱，几乎不会有买房的可能；而 60 岁以后的人虽然有些钱，但那是养命钱，也不敢大量投入房产。所以真正的买房主力人群是中年人，特别是那些喜欢投资理财，或追求品质生活的中年女性。我们来看买房第一阶段：普通人在 25~30 岁会买第一套房，因为有结婚的需求。第二阶段：30~40 岁，往往会买第二套房，因为对房子的教育配套、商业配套会有更高的改善需求。第三阶段：40~55 岁，此时的中年人已经达到人生收入的"巅峰"，会买更好的车子或房子。毕竟人生短短几十年，为何不对自己好一些呢？

　　总之，从统计的角度讲，这三个阶段带有很强的普遍性，如果你提前或滞后几年，那仅是个例而已。过去二十年，主要就是处于第三阶段的 60 后和 70 后，以及处于第一阶段的 80 后，他们的真实需求拉动了房地产市场的上行。而未来十年，处于个人事业"巅峰"的 2 亿多人的 80 后正在第三阶段，他们将会成为买房的绝对主力，更好的地段和配套、更大的户型、更炫的外立面、更酷的精装、更美的景观，这样的好房子一定会成为他们的"刚需"。未来 10 年，80 后可能不缺居住场所，但他们一定缺的是地段好、产品好、有潜力的优质资产。

毛文筠

金盘地产研究院